Rhythmomachia

Rhythmo-machia

Ein uraltes Zahlenspiel
neu entdeckt von
Detlef Illmer und Nora Gädeke,
Elisabeth Henge, Helene Pfeiffer
und Monika Spicker-Beck

Hugendubel

Umschlaggestaltung: Johann Rüttinger, Uehlfeld
Produktion: Tillmann Roeder, Buchendorf
Satz: Vornehm, München
Druck und Bindung: Bosch Druck, Landshut-Ergolding

ISBN 3 88034 319 5

Printed in Germany

Inhalt

Vorwort

Im Sommer 1983 nahm ich an der Universität Konstanz einen Lehrauftrag zur »Geschichte der Arithmetik im frühen Mittelalter« wahr. Dort war Arno Borst bei Arbeiten über den Reichenauer Mönch Hermann den Lahmen auf einen noch unveröffentlichten Text des Zahlenspiels gestoßen, das der Wissenschaft seit hundert Jahren unter dem Namen Rhythmomachie bekannt ist. Obgleich Arno Borst uns mit einem selbstgefertigten Exemplar dieses Spiels mehrmals erbarmungslos besiegte, setzten wir uns zusammen und untersuchten gemeinsam die Abhängigkeiten der Rhythmomachie von der nicomachischen Arithmetik, wie sie der spätantike Philosoph Boethius der Nachwelt überliefert hat. Arno Borst hat die Ergebnisse seiner Forschungen zur Entstehung und Geschichte der Rhythmomachie in einem umfangreichen Buch niedergelegt, während ich in Freiburg mit vier engagierten Mitarbeiterinnen versucht habe, eine spielbare Fassung herzustellen. Der hier vorliegende Essay ist die Frucht ungezählter verspielter Stunden und vergnüglicher Streitereien. Die Merkwürdigkeiten der frühen Texte, welche dieses Spiel behandeln, brachten uns auf die Frage, wie man im 11. und 12. Jahrhundert überhaupt die Rhythmomachie gespielt hat, wenn ein festes Regelcorpus fehlte. Es wuchsen dabei die Zweifel vom mittelalterlichen Ursprung des Spiels, obgleich sich ein unbestreitbarer Beweis für seine Entstehung in der Antike oder der christlichen Spätantike nicht antreten läßt. Trotz dieser offen gebliebenen Frage ist die Rhythmomachie – um mit einem ihrer mittelalterlichen Kenner zu sprechen – nicht nur von köstlichem Nutzen, sondern auch eine nützliche Köstlichkeit.

Hartheim, am 24. 1. 1987 *Detlef Illmer*

Eine Seite aus der »Institutio Arithmetica« des spätantiken Gelehrten Boethius, hier in einer Bamberger Handschrift des 9. Jh. Sie zeigt die Entstehung der Fünf- und Sechseckzahlen. Solche figurierten Zahlen oder Vieleckszahlen bilden Reihen, die schon Babyloniern und Ägyptern bekannt waren. Die figürliche Darstellung der Zahlen durch Punkte oder Einheiten (grch. Monade) macht die Entstehung solcher Reihen deutlich:

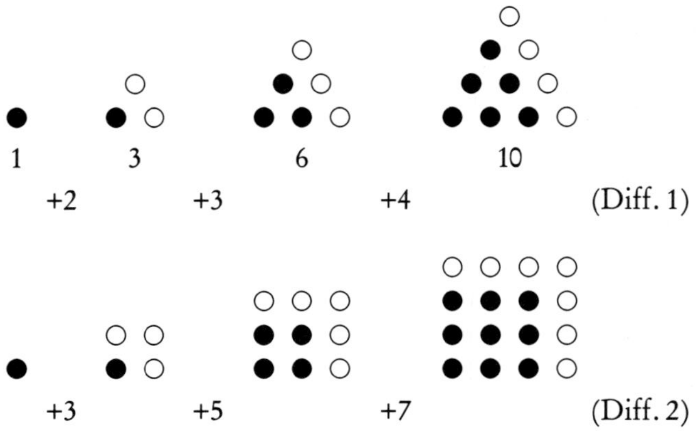

So entstehen die Fünf- und Sechseckzahlen analog durch Addition der Glieder einer arithmetischen Folge mit der Differenz 3 bzw. 4. Die Grundlagen des hier vorgestellten Spieles, der Rhythmomachie, beruhen auf der zum Teil 4000 Jahre alten Kenntnis solcher Zahlenreihen und den Reihen von Zahlenverhältnissen.

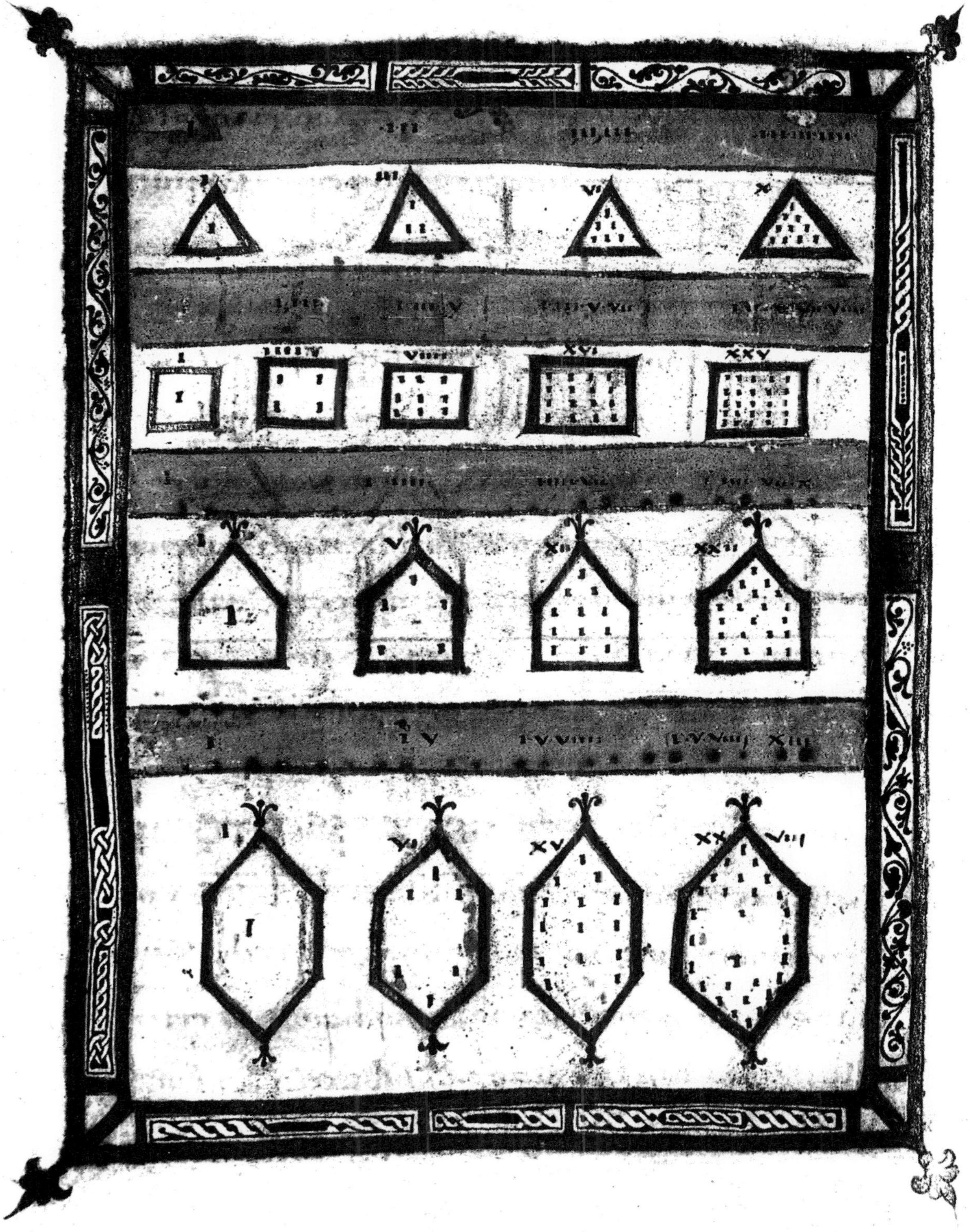
I
III
VI
X
I
IIII
VIIII
XVI
XXV
I
V
XII
XXII
I
VII
XV
XXVIII

Zur Geschichte der Rhythmomachie

Das rätselhafte Spiel oder das Spiel als Rätsel

Die frühesten Nachrichten über dieses Spiel finden sich im 11. Jahrhundert in Süddeutschland. Fragmentarisch erhaltene Spielbeschreibungen sprechen von der »pugna« oder vom »certamen numerorum«, gespreizter von der »Rhithmomachia« (griech. rhythmos = Verhältnis, Proportion; machē = Kampf), also vom Kampf der Zahlen untereinander. Im Verlauf der folgenden Jahrhunderte erlangte der »Zahlenkampf« eine gewisse Popularität unter gebildeten Leuten, die über Freizeit verfügten. Es erschienen französische, englische, italienische und deutsche Spielanleitungen. Obgleich zu Beginn des 18. Jahrhunderts in Görlitz dieses Spiel noch einmal aufgelegt worden ist, war es damals doch bereits in Vergessenheit geraten. 1738 vermerkt das große ZEDLER'sche Universal-Lexicon, daß es sich bei der Rhythmomachie um ein kunstfertiges Spiel gehandelt habe, das vor alten Zeiten gebräuchlich gewesen sei.

Warum es schließlich in Vergessenheit geriet, nachdem sich seine Spuren durch ein halbes Jahrtausend verfolgen lassen, können wir nur indirekt erschließen. Als ein Spiel, das auf einer gewissen Rechenfertigkeit beruht, hat es, wie ja auch das Schachspiel, nie den Erfolg der bloßen Glücksspiele erreichen können. Wer möchte denn so methodisch und bedächtig rechnend ans Ziel gelangen, wenn sich mit einem einzigen Wurf oder einer einzigen Karte das Schicksal viel direkter herausfordern läßt?

Zum anderen ist da die sonderbare Tatsache, daß die Regeln des »Zahlenkampfes« erst spät, wahrscheinlich nicht vor dem 16. Jahrhundert, eine gewisse Festigkeit und Eindeutigkeit angenommen haben. Sicher ist nämlich, daß man ihn auf vielerlei Weisen gespielt hat, wobei über die Regeln häufig Widersprüche und Unklarheiten herrschten. Lokale Traditionen haben hier Einfluß gehabt, wie auch immer wieder neue Überarbeitungen. Sonderbar erscheint uns das, weil die Regeln eines Spieles in unserer Auffassung doch unbedingt bindend sein müssen und keinem Zweifel unterliegen dürfen. Allzu leicht würde sonst das Spiel auch den Spielverderber mit hervorbringen. »Denn in die unvollkommene Welt und das verworrene Leben«, so sagt Johan Huizinga in seinem »Homo Ludens«, »bringt das Spiel eine zeitweilige begrenzte Vollkommenheit. Das Spiel fordert unbedingte Ordnung. Die geringste Abweichung von ihr verdirbt das Spiel.«

Nun kann es aber durchaus sein, daß Spiele in vergangenen Zeiten eine ganz andere Funktion erfüllen konnten, als die, den Traum einer heilen Welt mit allgemeinverbindlichen unumstößlichen Regeln ›vorzuspielen‹. Moderne Gelehrte, die sich mit dem »Zahlenkampf« beschäftigt haben, haben immer wieder betont, daß die frühesten Beschreibungen der Rhythmomachie aus dem 11. und 12. Jahrhundert nicht dazu taugen, das Spiel mit seinen Regeln und Grundlagen selbst zu erlernen. Diese frühesten Notizen scheinen entweder die Kenntnis der Regeln vorauszusetzen oder sie absichtlich zu verheimlichen. Seltsam fragmentarisch und unvollständig sind diese Texte, nicht nur in den Spielbeschreibungen, sondern auch im Durchdenken der arithmetischen Grundlagen. Diese Rätselhaftigkeit – die manchen Betrachter auf den Gedanken brachte, daß der »Zahlenkampf« sehr viel älter sein könnte und die Kenntnis von ihm womöglich verstümmelt und unvollständig aus der Spätantike ins Mittelalter gelangt ist – diese Rätselhaftigkeit birgt aber vielleicht selbst des Rätsels Lösung.

Hinter den unvollständigen Spielanleitungen kann sich nämlich eine ganz andere, fremde Spielauffassung verbergen: nicht etwa Spieler, die wie selbstverständlich »Chancengleichheit« für sich in Anspruch nehmen konnten, haben sich damals um das Brett versammelt, vielmehr hat Ungleichheit die Gegner charakterisiert. Die Ungleichheit zwischen dem Wissenden und dem Unwissenden, dem Eingeweihten und dem Laien. Dabei bot der Wissende sein Wissen in verrätselter Form an. Das war keineswegs ungewöhnlich, denn wie in früheren Epochen der Menschheitsgeschichte war auch im europäischen Frühmittelalter (8. bis 11. Jahrhundert) das Wissen an die vielfältigen Formen ständischer Zugehörigkeit gebunden. Teilhabe an welchem Wissen auch immer bedeutete Zugehörigkeit zu einer bestimmten gesellschaftlichen Gruppe. Wissen war damals nie Allgemeinbesitz, sondern wurde sorgfältig von den Dazugehörenden abgeschirmt, war Geheimwissen. So haben die Bauleute die Kniffe und Methoden ihres Arbeitens nur an diejenigen weitergegeben, die in ihren Bund eintreten durften. Und auch die Geistlichkeit hat ihr Wissen lieber verhüllt, als es allen zugänglich zu machen, zum Beispiel in solchen Fragen eingeschlossen: Was kann man berühren aber nicht sehen? Die menschliche Seele (Quid est quod tangitur et non videtur? Anima hominis). – Wer wurde zweimal geboren und starb doch nur einmal? Lazarus. (Quis fuit bis natus et semel mortuus? Lazarus).

Das Wissen selbst rückte unter solchen Bedingungen leicht in die Sphäre des Heiligen, es sperrte sich damit gegen Wandlungen und Korrekturen. Der Weg zu diesem Wissen, die Denkmethode also, spielte eine geringere Rolle als das in »des Rätsels Lösung« geronnene Ergebnis. Die Furcht der Eingeweihten vor den Allzuvielen engte jeden Zugang ein, das Nachdenken wurde dadurch zum Erraten. Wenn man nämlich auf vielen Wegen das Wissen erreichen könnte, dann könnten – was zu verhüten war – auch viele zur Teilhabe gelangen. So wurde Schlüssel zu jedem Wissen das Lösungswort, nicht die Methode.

Auch die einzige größere Sammlung von Rechenaufgaben, die wir für die Zeit vor dem 11. Jahrhundert besitzen, ist der Form nach ein Rätselbuch und nicht etwa mit einem modernen Unterrichtswerk zu vergleichen. Die weitaus meisten Aufgaben sind ohne Lösungsverfahren wiedergegeben, nur ein Lösungswort, die jeweilige Zahl, ist beigefügt. Jede Aufgabe erscheint als ein Rätsel, zum Beispiel:

> Ein Hund verfolgt einen Hasen, der 150 Fuß Vorsprung hat. In der Zeit, in der der Hund 9 Fuß überwindet, springt der Hase 7 Fuß. Wann packt der Hund den Hasen?

Als Lösung ist nur angegeben: Teile die 150 Fuß durch 2 und Du erhältst 75.

Auch die frühesten Fassungen der Rhythmomachie sind in dieser Weise rätselhaft. So gibt ein Text an, daß man zu diesem Spiel eine Tafel benötige, die in der Länge und in der Breite in Felder unterteilt sein soll, ohne die genaue Anzahl der Teilungen zu nennen. Ein anderer Text beschreibt die Züge, welche die einzelnen Steine auf dem Brett ausführen können und fährt dann fort: Wenn nun ein Stein einen gleichwertigen Stein des Gegners schlägt, wird dieser Stein vom Brett genommen. Dabei wurde nicht angegeben, wie dieser Vorgang abzulaufen hat.

So ist es denkbar, in den frühen Fassungen der Rhythmomachie verrätseltes Wissen zu sehen. Jeder Zug des Eingeweihten stellte dem Nichtwissenden eine doppelte Frage: Warum hat er mir diesen Stein weggenommen und was kann ich gegen weitere Verluste tun? Der Kluge konnte schließlich auf des Rätsels Lösung kommen, indem er den Meister imitierte. Ein harter Weg des Lernens, denn wer die Lösungen kannte, hatte immer das letzte Wort. Die zwangsläufigen Ungeschicklichkeiten des Schülers lösten Gelächter aus, doch die Schadenfreude gehörte wie die Rute zur alten Pädagogik. Auch im Spiel erfuhr der Lernende die Härten des Daseins, seine Enttäuschungen zu verbergen, seine Wut zu verbeißen und die geforderte Demut – das Zeichen der Eingeweihten – zur Schau zu tragen. Unter einem Rechenrätsel des 9. Jahrhunderts hatte ein Lehrer anstelle des Lösungsworts geschrieben: diese Aufgabe ist so gestellt, daß man sich über die Knaben lustig machen kann.

Die Rhythmomachie als verrätseltes, arithmetisches Wissen? Eigens zu Unterrichtszwecken an den Domschulen des 11. Jahrhunderts erfunden und entwickelt? Die fragmentarischen und unvollständigen Fassungen gewissermaßen die »Lehrerhefte«, mit denen die jungen Klosterschüler geplagt werden konnten? Denkbar, aber auch unser Zweifel an dieser Lösung ist schneller als der Hund, der den Hasen packt. Denn es scheint, daß die Rhythmomachie auch für die Lehrer ein Rätsel gewesen ist, bei dem keines ihrer Lösungsworte so recht passen wollte. Auch ist ihr arithmetisches Gefüge viel zu kompliziert, als daß es zur Einübung der Kinder in die Rechenfähigkeiten hätte genutzt werden können.

So drängt sich uns schließlich ein anderer Gedanke auf, der möglicherweise sowohl die Tatsache zu erklären vermag, daß der »Zahlenkampf« spätestens seit dem 18. Jahrhundert in Vergessenheit geraten ist, wie auch die Ursachen für die fragmentarischen und unvollständigen Fassungen seiner ersten Beschreibungen. Die Langsamkeit seines Weges zu einem fertigen Spiel mit festen Regeln, eine kurze Blüte und Popularität des ausgereiften »Zahlenkampfes« im 15. und 16. Jahrhundert und sein schnelles Versinken in die Vergessenheit – eine solche Entwicklung können wir uns wie eine flach ansteigende Kurve vorstellen, die kurz nach Erreichen ihres Höhepunktes steil abfällt. In einer solchen Kurve verlief aber auch die Wiedererarbeitung der antiken arithmetischen Grundlagen, auf denen der »Zahlenkampf« beruht, durch die mittelalterlichen Gelehrten: ausgehend von einem antiken arithmetischen Text – von dem wir sogleich sprechen werden – den sie jahrhundertelang kommentieren, glossieren, paraphrasieren und kopieren mußten, um ihn endlich ganz zu verstehen, verlor die so erarbeitete Grundlage für die Entwicklung des Spiels plötzlich allen Wert, als neue, moderne mathematische Verfahren ihr jede Aktualität nahmen. Der »Zahlenkampf« wurde zum Glasperlenspiel für wenige, dem Alltag entrückte Gelehrte.

Um diese Behauptung zu untermauern und um gleichzeitig die antiken Grundlagen des Spiels aufzuzeigen, sollten alle zukünftigen Spieler uns zunächst auf dem Gang durch ein Zahlensystem folgen, das – wie ein toskanischer Garten des Cinquecento – nach den strengen Harmonien der Antike angelegt ist. Die geschlossenen Ordnungen dieser Zahlenwelt empfanden schon die mittelalterlichen Gelehrten als schön: ihre Erforschung verschaffe einen köstlichen Nutzen und sei zugleich eine nützliche Köstlichkeit.

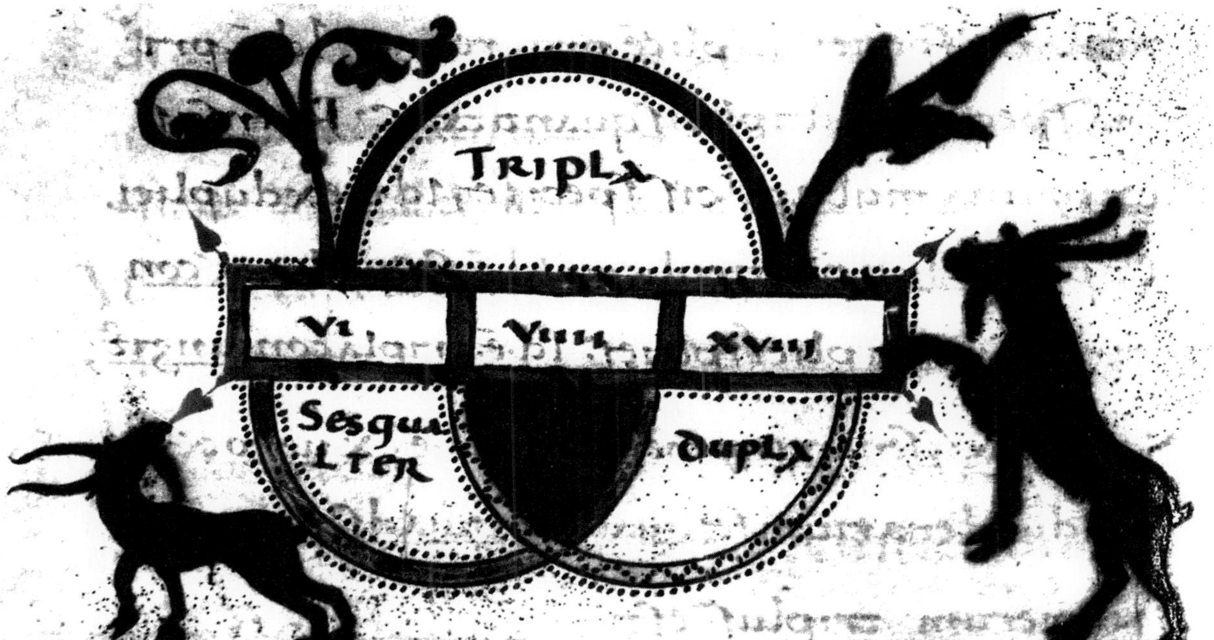

Die Geburt des Spieles aus Gleichheit und Ungleichheit

Daß wir die arithmetischen Grundlagen des »Zahlenkampfes« heute bequem erkennen können, verdanken wir einem Mann, der durch seine im Gefängnis kurz vor seiner Hinrichtung verfaßte Schrift vom »Trost der Philosophie« (de consolatione Philosophiae) Unsterblichkeit erlangt hat. Anicius Manlius Severinus Boethius, aus alter römischer Familie, bei den ostgotischen Besatzern seiner Heimat zu höchsten Staatsämtern aufgestiegen und im Jahre 524 n. Chr. wegen angeblichen Hochverrats von den Goten hingerichtet, hatte in seiner Jugend eine Reihe von Arbeiten zur Arithmetik und zur Geometrie geschrieben. Seine »Einleitung in die Arithmetik« ist im wesentlichen eine lateinische Bearbeitung einer zu seiner Zeit schon fast 400 Jahre alten griechischen Schrift des Nicomachus von Gerasa (lebte um 100 n. Chr.). Die »Arithmetik« des Nicomachus war kein Handbuch einer für das tägliche Leben bestimmten Rechenkunst. Sie beschäftigte sich nicht mit der Anwendung der Zahl bei der Arbeit mit Gegenständen, Inhalten und Maßen, sondern mit den Eigenschaften der Zahlen selbst und den Verhältnissen der Zahlen untereinander. Boethius' Übersetzung ins Lateinische hat diese Schrift über die Wirren der Völkerwanderungszeit hinaus erhalten, obgleich sonst das meiste des antiken Wissens untergegangen ist. Sie ist damit das einzige vollständig erhaltene arithmetische Lehrbuch, das aus antiker Zeit auf direktem Wege ins frühe Mittelalter gelangt ist. Allerdings bietet die Arithmetik des Nicomachus selbst nur einen kleinen Ausschnitt aus der griechischen, in die Logik eingebundenen Beschäftigung mit Zahlen. Sie ist selbst bereits gekennzeichnet durch eine rein philosophische Betrachtung der Zahlen und ihrer Eigenschaften, durch eine Abkehr von der im Alltag möglichen Anwendbarkeit eines solchen Wissens, durch einen Rückzug aus der offenen Situation griechischer naturwissenschaftlicher Forschung auf den Gebieten der Geometrie und der Astronomie in ein geschlossenes System harmonischer Zahlenverhältnisse. Sie fußte auf den Grundsätzen griechischer Mathematiker, die man als »Schule der Pythagoräer« bezeichnet. Nach pythagoräischer Auffassung eröffnete das Studium der Zahlen den Weg zur Erkenntnis des Seins und seiner Erscheinungsweisen. Zahlen seien Wurzel und Prinzip eines jeden real existierenden Dings oder Wesens, ja die Zahl sei älter als der Schöpfungsvorgang und alles Erschaffene letztlich durch die Zahl bestimmt. Der Weg zur Welterkenntnis und zur Gotteserkenntnis war daher das Studium der Zahlen, ihrer Verhältnisse und ihrer harmonischen Anordnungen. Überall im Weltengebäude glaubten die Pythagoräer Harmonien zu finden, die sich in ganzen Zahlen ausdrücken lassen. Ihre Mathematik war daher viel eher eine Philosophie, ja eine Religion, als ein offenes Forschungsinstrument. Gerade dieser Charakterzug aber faszinierte das gelehrte Mittelalter.

Nicomachus behandelte die Zahlen nur als natürliche und ganze; nicht als Quantitäten, die für sich stehen, sondern als Glieder der natürlichen und unendlichen Zahlenreihe, die mit 1 beginnt und ins Unendliche fortschreitet. Jede Zahl war in solcher Auffassung zuallererst ein Vielfaches (*multiplex*) von 1 und nicht eine Quantität für sich. Jede Beschäftigung mit Zahlen war daher in erster Linie, Zahlen miteinander zu vergleichen. Eine Grundkategorie bei dieser Arbeit ist *aequalitas*, die Gleichheit. Sie ist gewissermaßen primär und älter als die Ungleichheit, alle Ungleichheit nämlich ist – wie wir noch sehen werden – sekundär und erwächst aus der Gleichheit.

Ungleichheit selbst kann in zwei Klassen eingeteilt werden, in die Möglichkeiten des Größer- und Kleinerseins. Vergleicht man verschiedene Zahlen miteinander, so ist die mit einer anderen verglichene Zahl entweder größer oder kleiner. Dieses Größer- oder Kleinersein kann nun jeweils selbst in fünf Möglichkeiten eingeteilt werden: so wird eine Zahl a von einer anderen b überschritten durch:

1. das Vielfache von a,
2. einen Teil von a,
3. mehrere Teile von a,
4. das Vielfache von a und einen Teil von a,
5. das Vielfache von a und mehrere Teile von a.

In der Terminologie des Boethius stellt sich dieser Sachverhalt folgendermaßen dar:

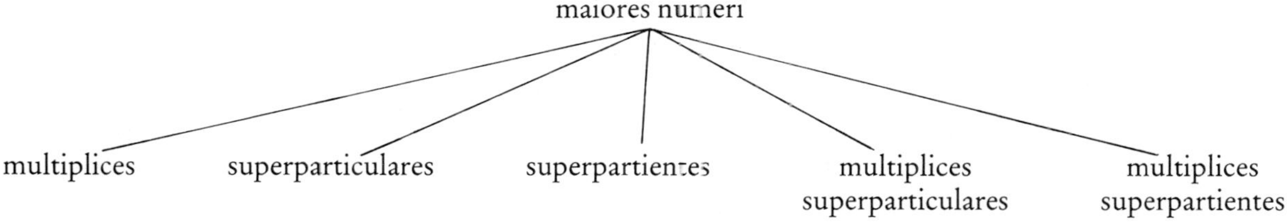

Dazu schreibt Boethius: Vielfach (multiplex) ist das, wenn eine größere Zahl die kleinere in sich ganz enthält, entweder zweimal oder dreimal, viermal usf., nichts darf fehlen, nichts darüber sein. Die einzelnen Klassen dieses Größerseins heißen: duplex (das Doppelte), triplex (das Dreifache), quadruplex (das Vierfache) usf. So schreitet diese Ordnung ins Unendliche fort.

Die zweite Gattung der Ungleichheit ist das »Überteilige« (*superparticularis*), d. h. wenn die größere Zahl die kleinere ganz in sich enthält und noch einen Teil derselben. Solche Verhältnisse sind 3:2, 4:3, 5:4, 6:5 usf. bis ins Unendliche. Ausgehend von diesen Verhältnissen lassen sich unendliche Reihen bilden, nämlich auf der Basis von 3:2 die Reihe 3:2, 6:4, 9:6, 12:8 usf. In diesem Verhältnis übersteigt die größere Zahl die kleinere immer um die Hälfte der kleineren. Dieses Verhältnis wird sesquialter genannt, das Anderthalbfache.

Analog wird von dem Ausgangsverhältnis 4:3 eine unendliche Reihe gebildet: 4:3, 8:6, 12:9 usf. Hier übersteigt die größere

Die Darstellung des Verhältnisses »sesquialter« (3:2, das Anderthalbfache), des »sesquitertius« (4:3, das Eineindrittelfache) und des Doppelten (duplus) in der Bamberger Handschrift des Boethius (9. Jahrhundert).

Zahl die kleinere um ein Drittel der kleineren. Dieses Verhältnis heißt sequitertius.

Die übrigen unendlich vielen Klassen dieser zweiten Gattung der Ungleichheit (superparticulares numeri) sind die Verhältnisse

5:4 mit der dazugehörigen unendlichen Reihe seiner Vielfachen (sesquiquartus),

6:5 mit der unendlichen Reihe seiner Vielfachen (sesquiquintus),

7:6 mit der unendlichen Reihe seiner Vielfachen (sesquisextus),

usf.

Die dritte Gattung der Ungleichheit ist das »Übermehrteilige«, *superpartiens*, wo die größere Zahl die kleinere ganz in sich enthält und noch einige Teile von ihr. Solche Verhältnisse sind:

5:3,	10: 6,	15: 9,	20:12	usf.
7:4,	14: 8,	21:12	usf.	
9:5,	18:10,	27:15	usf.	
11:6,	22:12,	33:18	usf.	
13:7,	26:14,	39:21	usf.	
usf.				

Denn 5 enthält die 3 ganz in sich und noch 2 Drittel der 3. Die Klasse dieser superpartientes numeri (5:3, 10:6, 15:9 usf.) heißt daher superbipartiens (überzweiteilig). Die Klasse der »überdreiteiligen«, supertripartientes numeri, beginnt mit dem kleinsten Verhältnis 7:4, hier übersteigt die größere die kleinere Zahl einmal und um drei Viertel von ihr, nämlich um 3. Die Klasse der »übervierteiligen«, superquadripartientes numeri, beginnt mit 9:5, denn die 9 enthält einmal die 5 und noch vier Fünftel von ihr.

Und so schreitet auch die Ordnung dieser Verhältnisse ins Unendliche fort.

Die vierte Gattung der Ungleichheit ist die, wo die größere Zahl die kleinere zwei-, drei-, viermal usf. enthält und noch einen Teil von ihr. Es sind die Vielfachen der superparticulares numeri, die *multiplices superparticulares*. Verhältnisse, in denen die größere

Zahl die kleinere zweimal und noch die Hälfte der kleineren in sich enthält, wie bei 5 : 2, 10 : 4, 15 : 6 usf. bis ins Unendliche fortgehend, nennt man das »doppelt Anderthalbfache«, duplex sesquialter. Die zweite Klasse dieser Verhältnisse beginnt mit dem duplex sesquitertius, ausgehend vom Verhältnis 7 : 3, denn die 7 enthält zweimal die 3 und noch ein Drittel von ihr. Die nächste Klasse sind die duplices sesquiquarti, ausgehend von 9 : 4 usf.

Die fünfte und letzte Gattung der Ungleichheit nennt man »vielfach übermehrteilig«, *multiplex superpartiens*, wenn nämlich die größere Zahl die kleinere mehr als einmal ganz in sich enthält und dazu noch mehr als einen ihrer Teile. Enthält die größere Zahl die kleinere zweimal in sich und noch zwei ihrer Teile darüber, wie 8 : 3, dann nennt man diese Klasse der multiplices superpartientes die duplices superbipartientes. Die triplices superbipartientes beginnen mit dem Verhältnis 11 : 3, die duplices supertripartientes mit 11 : 4, denn die 11 enthält zweimal die 4 und noch drei Viertel von ihr. Alle diese Verhältnisse bilden unendliche Reihen.

Wir sind auf diese fünf Gattungen der Ungleichheit näher eingegangen, da die ersten drei von ihnen die entscheidende Grundlage des »Zahlenkampfes« bilden. Sehen wir uns dazu einmal alle Spielsteine mit ihren Zahlenwerten an. Wir arrangieren die Spielsteine zunächst in Viererreihen, nach ihren Formen geordnet; die weiße Partei, beginnend mit vier geraden Grundzahlen, verfügt über folgende Werte:

2	4	6	8	runde Spielsteine
4	16	36	64	
6	20	42	72	dreieckige Spielsteine
9	25	49	81	
15	45	91	153	viereckige Spielsteine
25	81	169	289	

Der schwarze Gegner beginnt mit vier ungeraden Grundzahlen:

3	5	7	9	runde Spielsteine
9	25	49	81	
12	30	56	90	dreieckige Spielsteine
16	36	64	100	
28	66	120	190	viereckige Spielsteine
49	121	225	361	

Wir erkennen sofort, daß bei beiden Parteien die zweite Zahlenreihe jeweils aus bestimmten multiplices zu den Grundzahlen besteht, bei der weißen Partei das doppelte (der 2), vierfache (der 4), sechsfache (der 6) und achtfache (der 8), bei der schwarzen das dreifache (der 3), fünffache (der 5), siebenfache (der 7) und neunfache (der 9).

Aus der unendlichen Reihe der superparticulares numeri

3:2	sesquialter	weiß
4:3	sesquitertius	schwarz
5:4	sesquiquartus	weiß
6:5	sesquiquintus	schwarz
7:6	sesquisextus	weiß
8:7	sesquiseptimus	schwarz
9:8	sesquioctavus	weiß
10:9	sesquinonus	schwarz

werden nun alternierend die einzelnen Verhältnisse auf die beiden Parteien verteilt und danach diejenigen Werte ausgerechnet, die in Bezug auf die jeweiligen oben erhaltenen multiplices ein solches superparticulares Verhältnis ergeben.

Die Partei mit den ungeraden Grundzahlen

3, 5, 7, 9

hat die multiplices

9, 25, 49, 81.

Weil sich nun zur 12

die Zahl 9

wie 4:3 verhält, ergibt sich die 12

als erster superparticularis numerus.

Die anderen sind:

Grundzahl	multiplices	superparticulares	Proportion
5	25	30	6:5
7	49	56	8:7
9	81	90	10:9

Entsprechendes gilt für die Seite der geraden Grundzahlen:

Grundzahl	multiplices	superparticulares	Proportion
2	4	6	3:2
4	16	20	5:4
6	36	42	7:6
8	64	72	9:8

Damit aber sind die Zahlen auf den dreieckigen Spielsteinen noch nicht vollständig behandelt. Auf der Seite der ungeraden Grundzahlen finden wir noch die

16, 36, 64, 100.

Sie ergeben sich daraus, daß dieselben Verhältnisse 4:3, 6:5, 8:7, 10:9 auf die schon gefundene voranstehende Reihe der superparticulares numeri angewandt wird. So steht die

16 zur 12

im Verhältnis 4:3, die

▲36 zur ▲30

im Verhältnis 6 : 5, die

▲64 zur ▲56

im Verhältnis 8 : 7 und die

▲100 zur ▲90

im Verhältnis 10 : 9.

Entsprechendes gilt für die Seite der geraden Grundzahlen. Hier sind noch nicht behandelt die

△9 , △25 , △49 , △81 .

Die △9

steht zu dem vorangehenden superparticularis numerus

△6

im Verhältnis 3 : 2, die

△25 zur △20

im Verhältnis 5 : 4, die

△49 zur △42

im Verhältnis 7 : 6 und die

△81 zur △72

im Verhältnis 9 : 8.

Bleiben noch die viereckigen Spielsteine zu erklären; aus der unendlichen Reihe der superpartientes numeri

5:3		weiß
7:4		schwarz
9:5		weiß
11:6		schwarz
13:7		weiß
15:8		schwarz
17:9		weiß
19:10	usf.	schwarz

wird das erste Verhältnis 5:3 der Grundzahl 2 zugeordnet, die übrigen alternierend auf beide Parteien verteilt. Wieder werden zu den zuletzt erhaltenen superparticulares numeri die Werte gesucht, die zu ihnen in diesen Verhältnissen stehen:

bei den geraden Zahlen

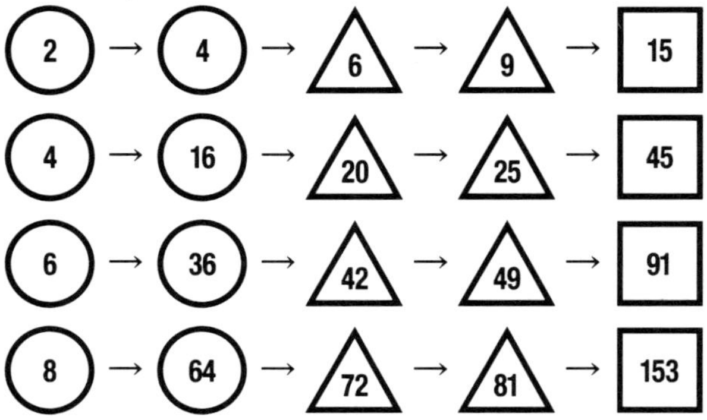

15:9 = 5:3
45:25 = 9:5
91:49 = 13:7
153:81 = 17:9

bei den ungeraden Zahlen

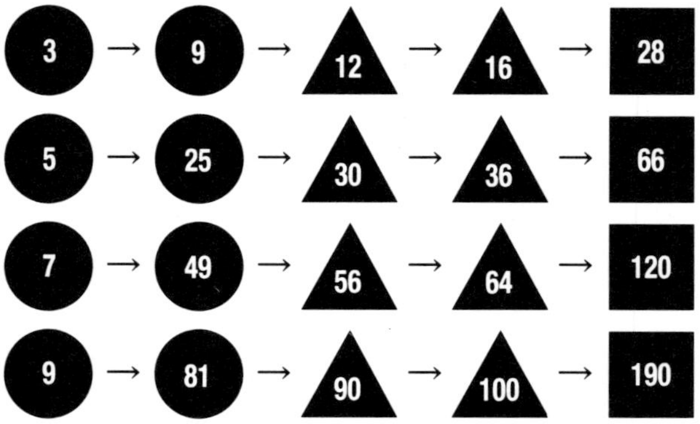

28:16 = 7:4
66:36 = 11:6
120:64 = 15:8
190:100 = 19:10

Die noch übrigen viereckigen Steine ergeben sich aus den jeweils letztgenannten Zahlen nach demselben Verhältnis:

Damit sind nun alle Werte gefunden, aus denen die beiden Parteien des Zahlenkampfes bestehen:

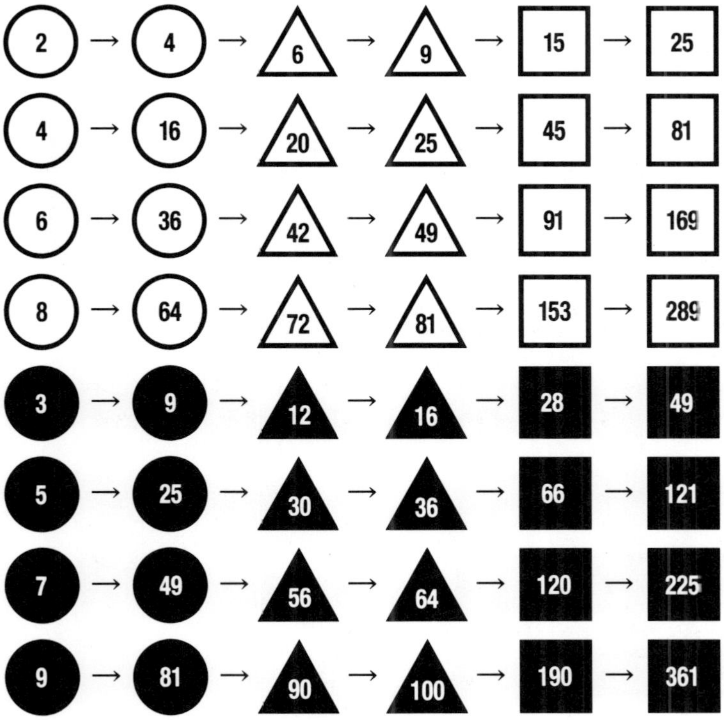

Es scheint jedoch sehr fraglich, ob die Gelehrten, die möglicherweise dieses Spiel im 11. und 12. Jahrhundert entwickelt haben, alle diese Zahlen nach solchen Überlegungen gefunden haben. Wahrscheinlicher ist, daß sie auf die Formel gestoßen sind, die Boethius in seiner lateinischen Bearbeitung der Arithmetik des Nicomachus wiedergegeben hat, mit der sich alle Zahlenwerte finden lassen. Diese Formel ist zugleich der Beweis (demonstratio), daß alle Ungleichheit aus der Gleichheit erwächst. Erste mögliche aller Gleichheiten ist

1 1 1

Boethius sagt: mache, ausgehend von der *aequalitas* (Gleichheit)

1 1 1

die erste Zahl der ersten gleich, die zweite Zahl gleich der Summe aus der ersten und zweiten, die dritte gleich der Summe aus der ersten, zweimal der zweiten und der dritten Zahl.

Wir erhalten damit folgende aus der Gleichheit 1 1 1 fließende Zahlen:

1 1 1
1 2 4

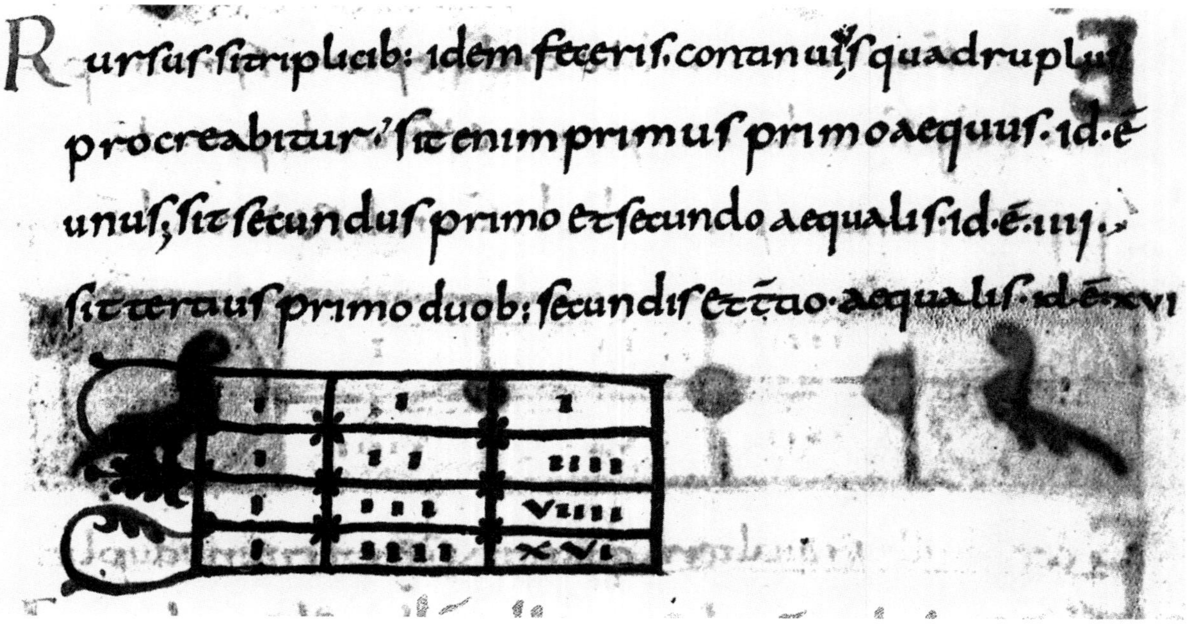

Wie die Regel des Nicomachus aus der Gleichheit (aequalitas) 1 1 1 die multiplices hervorbringt: 1 2 4, 1 3 9 und so fort. Aus der Bamberger Handschrift der Arithmetik des Boethius (9. Jahrhundert).

Wenden wir auf diese Zahlen nun erneut diese Regel an und so fort, dann erhalten wir die Tabelle aller multiplices:

1	1	1
1	2	4
1	3	9
1	4	16
1	5	25
1	6	36
1	7	49
1	8	64
1	9	81

die alternativ auf beide Parteien verteilt werden.

Jetzt wird die Ordnung der multiplices umgekehrt:

1	1	1
4	2	1
9	3	1
16	4	1
25	5	1
36	6	1
49	7	1
64	8	1
81	9	1

Auf diese Reihen wird nun wiederum die Regel des Nicomachus angewandt und wir erhalten folgende Zahlen:

4	6	9
9	12	16
16	20	25
25	30	36
36	42	49
49	56	64
64	72	81
81	90	100

Damit sind alle superparticulares numeri gefunden, die gleichfalls alternativ auf beide Spielparteien verteilt werden.

Diese letzte Tabelle wird wieder umgestellt:

9	6	4
16	12	9
25	20	16
36	30	25
49	42	36
64	56	49
81	72	64
100	90	81

Unter Anwendung der nämlichen Regel entsteht nun die Tabelle der superpartientes numeri:

9	15	25
16	28	49
25	45	81
36	66	121
49	91	169
64	120	225
81	153	289
100	190	361

die auch alternativ verteilt werden.

Die Aufstellung aller Zahlenwerte auf dem Spielbrett, zu der am Schluß noch ein Wort zu sagen sein wird, spiegelt alle diese Verhältnisse auf Seite 31 sinnreich wider.

Entscheidend für die große Wirkung dieser pythagoräischen Arithmetik im Mittelalter war ihre enge Verbindung zur Musik. Die Pythagoräer hatten entdeckt, daß, wenn man zwei verschieden lange Saiten gleichzeitig zum Tönen bringt, man den Zusammenklang beider Saiten dann als harmonisch empfindet, wenn sich das Verhältnis der beiden Saitenlängen durch kleine ganze Zahlen ausdrücken läßt, 1:2 als Oktave, 2:3 als Quinte, 3:4 als Quarte usf., in der Terminologie des Boethius »duplus«, »sesquialter« und »sesquitertius«. Alle praktische Bedeutung dieser Arithmetik blieb während des Mittelalters auf die Musik beschränkt. Daß man solche Zahlenverhältnisse aber auch als Brüche auffassen könnte, wobei man mit Zahlen zu arbeiten hätte, die kleiner als 1 sind, wurde dem Mittelalter nicht bewußt. Verwunderlich ist das nicht, wenn wir bedenken, daß auch die Griechen Brüche als aus ganzen

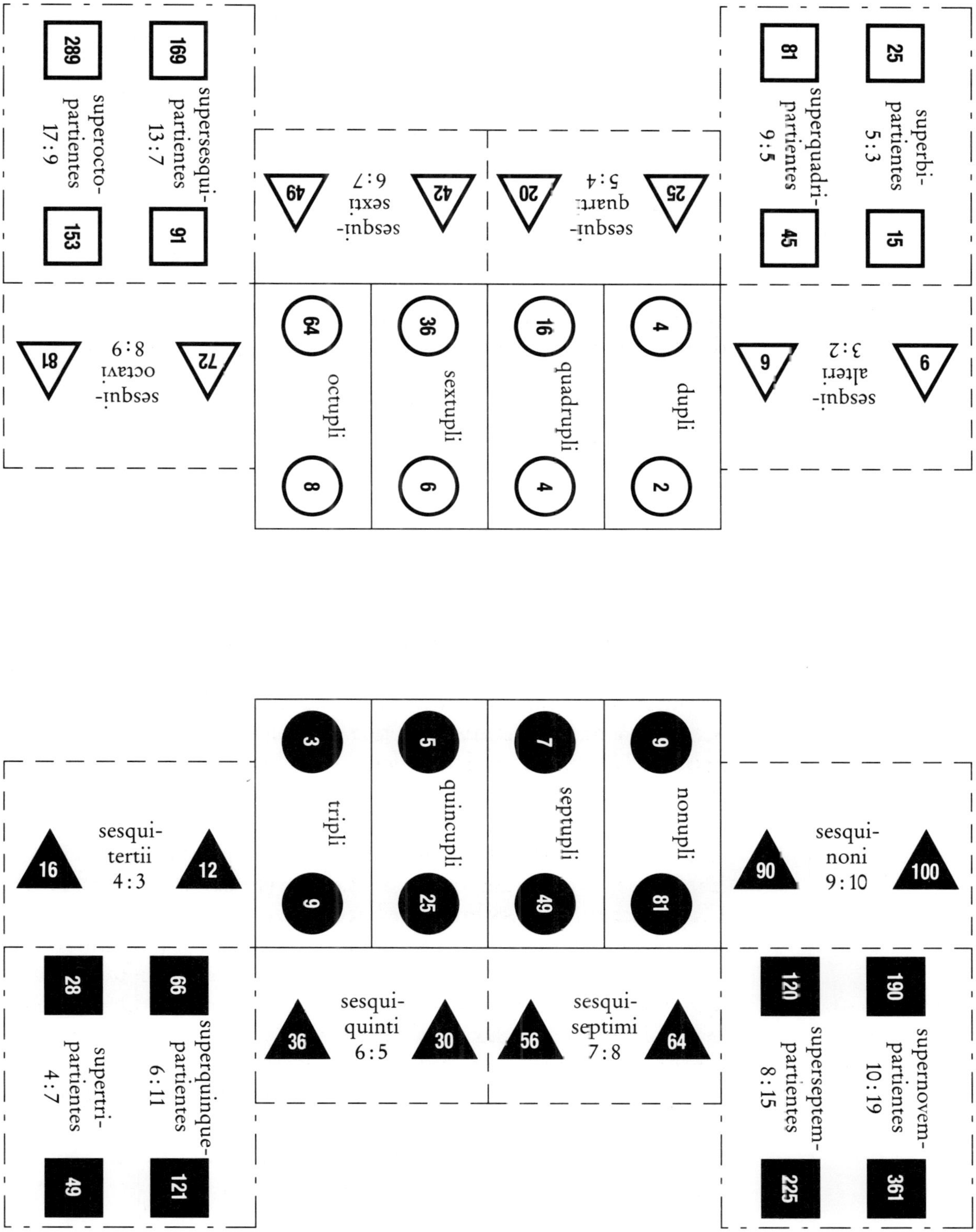

superbi-partientes 5:3
25
15
superquadri-partientes 9:5
81
45
sesqui-quarti 5:4
25
20
sesqui-sexti 6:7
42
49
supersesqui-partientes 13:7
169
91
superocto-partientes 17:9
289
153
sesqui-alteri 3:2
9
6
dupli
4
2
quadrupli
16
4
sextupli
36
6
octupli
64
8
sesqui-octavi 8:9
72
81
tripli
3
9
quincupli
5
25
septupli
7
49
nonupli
9
81
sesqui-tertii 4:3
16
12
sesqui-noni 9:10
90
100
sesqui-quinti 6:5
36
30
sesqui-septimi 7:8
56
64
superquinque-partientes 6:11
66
121
supertri-partientes 4:7
28
49
supernovem-partientes 10:19
190
361
superseptem-partientes 8:15
120
225

Zahlen bestehend verstanden. In ihrer Auffassung bedeutete 3/5, daß der Zähler eine ganze Zahl vorstellt, mit der die Objekte eines anderen Bereiches, die Fünftel, auch ganze Zahlen, abgezählt wurden (Gericke). Kein Bruch bezeichnete damit etwas, das kleiner als 1 war. Dies war schon nach der üblichen, auch durch Nicomachus und Boethius überlieferten Definition von Zahlen nicht möglich: »Zahl ist eine aus Einheiten bestehende Menge.« Damit aber ist nun die Einheit (1) selbst keine Zahl, sondern wie Nicomachus sagt, Ursprung und Grundlage aller Zahlen. Wir sagen heute aber, die 1 als die aus einer Einheit bestehende Menge ist eine Zahl, machen im Gegensatz zu den Griechen also einen Unterschied zwischen einer Menge, die nur ein Element enthält, und diesem Element selbst (Gericke). Die 1 als eine Art »Ureinheit« war nach griechischer Auffassung nicht mehr teilbar. Bis weit in die Neuzeit hinein hat man daher Brüche als aus ganzen Zahlen bestehend begriffen; so sagte noch der Mathematiker Andreas Tacquet im 17. Jahrhundert: Brüche unterscheiden sich der Sache nach nicht von den ganzen Zahlen, nur sind die Einheiten einer gebrochenen Zahl relative, während die Einheiten einer ganzen Zahl absolute Einheiten sind (zit. bei Gericke).

So ist es nicht verwunderlich, daß die Bedeutung der nicomachischen Arithmetik in der Fassung durch Boethius seit dem 16. Jahrhundert rapide sinken mußte. Die Algebra wurde nun zum wichtigsten Gebiet der Arithmetik, wie es 1572 Rafael Bombelli im Titel seines Handbuchs zum Ausdruck brachte: Algebra, parte maggiore dell'arithmetica.

Eine Seite aus der »Arithmetik« des Boethius (Bamberger Handschrift des 9. Jahrhunderts). Sie zeigt, wie aus der Gleichheit (aequalitas) nach der Regel des Nicomachus die Reihe der superpartienten gefunden werden; aus VIIII VI IIII (9 6 4) und XVI XII VIIII (16 12 9) entstehen VIIII XV XXV (9 15 25) und XVI XXVIII XLVIIII (16 28 49).

Damit sind wir wieder bei unserer eingangs gestellten Frage angelangt: Warum geriet die Rhythmomachie in Vergessenheit? Wissenschaft und Technik forderten jetzt neue rechnerische Verfahren und einheitliche Bezeichnungen. Die Proportionenlehre zeigte für die Praxis nur eine geringe Verwertbarkeit. Sie nahm in den Lehrbüchern, wie 1937 der Mathematiker Johannes Tropfke urteilte, nur den wichtigeren Stoffen den Platz weg. So hat die Rhythmomachie beizeiten alle didaktischen Qualitäten an moderne Praktiker wie Adam Riese (1492–1559) abgetreten, alle spielerischen verlor sie wohl deshalb, weil die neuen mathematischen Realitäten die pythagoräischen Harmonien im Weltengebäude nur noch als schönen Schein zurückließen.

VIIII	VI	IIII

Superioris igitur descriptionis primo primus aequus numerus adscribatur id est VIIII secundus vero primo et secundo id est XV tertius vero primo duobus secundis et tertio id est XXV et venit haec forma:

VIIII	VI	IIII
VIIII	XV	XX

Si vero sesquitertium eodem modo vertamus ordo supertripartiens invenitur. Sit enim prima propositio sesquitertii.

XVI	XII	VIIII

Ponatur enim secundum priorem modum primo primus par id est XVI secundus primo et secundo id est XXVIII tertius primo et duobus secundis et tertio id est XLVIIII. Omnis ergo summa disposita supertripartientes efficiet.

XVI	XII	VIIII
XVI	XXVIII	XLVIIII

Wettkampf der Harmonien

Im Spielgedanken zeigt sich die Rhythmomachie als ein wirklich »pythagoräisches« Spiel: es gilt, aus den auf dem Brett vorhandenen Zahlen eine »Harmonie« zu bilden. Wie damals der Besitz des Schlachtfeldes nach den Kampfhandlungen den Sieg manifestierte, so sollte diese »Harmonie« im gegnerischen Feld aufgestellt werden.

Als Harmonie bezeichnen die frühen Autoren der Rhythmomachie eine Anordnung von drei (manchmal auch vier) Spielsteinen, deren Werte in bestimmten Verhältnissen zueinander stehen oder sich durch jeweils gleiche Differenzen voneinander unterscheiden. Als Terminus verwenden sie *harmonia* oder *medietas* (Mittel). Man kannte drei Arten von Harmonien:

- die arithmetische,
- die geometrische,
- die musikalische.

Sie sind folgendermaßen definiert:

Spielbrett mit den Zahlenverhältnissen beider Parteien in einer Handschrift des 11. Jahrhunderts (Karlsruhe, Bad. Landesbibl., 504). Oben die Verhältnisse: tripli, quincupli etc. = dreifach, fünffach, siebenfach usw.; unten: dupli, quadrupli etc. = zweifach, vierfach usw., wobei dem Schreiber zwei Fehler unterlaufen sind: Im äußersten rechten Feld der ersten Reihe (octupli) muß es heißen 8/64 und nicht 8/48 und im äußersten rechten Feld der untersten Reihe muß es heißen 153/289 statt 153/288. Diese Zeichnung steht in der Handschrift isoliert und diente vielleicht als Gedächtnisstütze.

1. die arithmetische Harmonie/medietas
   Die arithmetische Harmonie ist eine Anordnung von drei Steinen, bei der der Abstand der Zahlenwerte, also die Differenz zwischen den einzelnen Zahlen, gleich groß ist (während das Verhältnis der Werte zueinander verschieden ist). Sie entspricht in Variablen ausgedrückt der Formel: $a - b = b - c$.

2. die geometrische Harmonie/medietas
   Die geometrische Harmonie ist dadurch charakterisiert, daß das Verhältnis des größten Wertes zum mittleren gleich dem des mittleren zum kleinsten ist (während die Differenzen der Zahlen verschieden sind), also: $a : b = b : c$.

3. die harmonische oder musikalische Harmonie/medietas
   Die musikalische Harmonie zeichnet sich weder ausschließlich durch dieselben Differenzen noch ausschließlich durch gleiche Proportionen aus. Die Werte der musikalischen Harmonie schaffen eine Verbindung von Proportion und Differenz, indem sich der größte Wert zum kleinsten verhält wie die Differenz von größtem und mittlerem zur Differenz von mittlerem und kleinstem Wert, in Variablen: $\frac{a}{c} = \frac{a - b}{b - c}$.

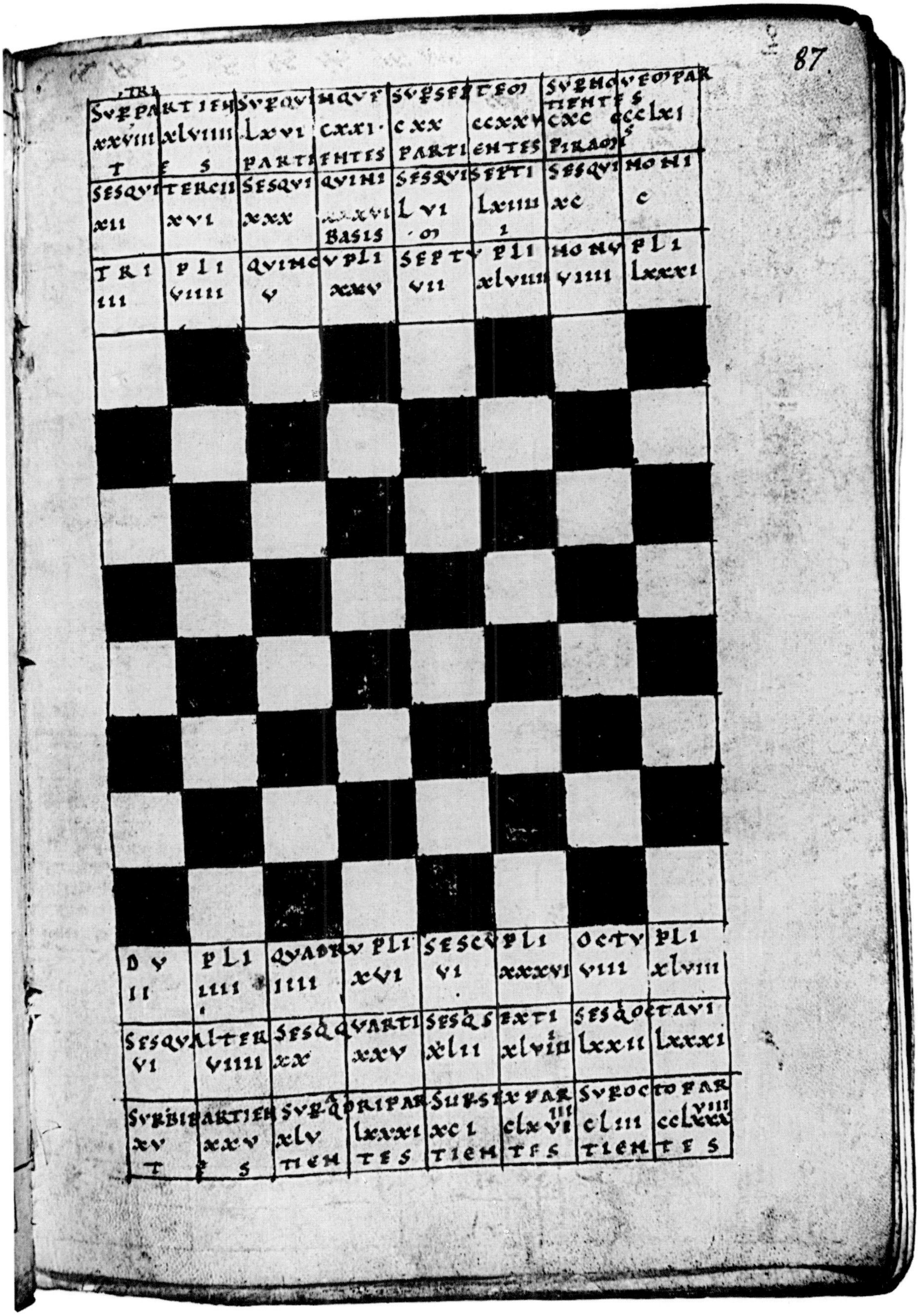
87

In diesen Harmonien erkennen wir die uns aus der Schule vertrauten »Mittel«, den arithmetischen, geometrischen und harmonischen Mittelwert verschiedener Größen. Die Kenntnis solcher Harmonien und die Art und Weise ihrer Berechnung konnten die mittelalterlichen Gelehrten der nicomachischen Arithmetik des Boethius entnehmen. Für die Geschichte des Spieles ist es daher interessant, welche Wege sie beschritten haben, um herauszufinden, welche Harmonien sich mit den auf dem Spielbrett zur Verfügung stehenden Steinen bilden lassen und wie man sie finden kann. So empfiehlt ein Autor um 1100 ein Verfahren, das ihm grundsätzlich zu sein schien: die drei Harmonien als »Ungleichheit« wiederum aus der »Gleichheit« abzuleiten. Er gab an: zur Ermittlung der arithmetischen Harmonie mache die erste Zahl der ersten gleich, die zweite Zahl der Summe aus der ersten und der zweiten Zahl und die dritte Zahl der Summe aus der ersten, zweiten und dritten Zahl. Gegeben sei die aequalitas (Gleichheit):

2	2	2.

So ergibt sich nach dieser Regel:

2	2 + 2	2 + 2 + 2

in Variablen ausgedrückt:

a	a	a
a	2a	3a

womit er alle Zahlenreihen erhielt, welche die Grundbedingung erfüllten, nach der arithmetische Harmonien zu finden sind, nämlich gleiche Differenzen zwischen den einzelnen Gliedern.

Als eine andere Möglichkeit gab dieser Autor folgende Regel:

Mache die erste Zahl der Summe aus der ersten und zweiten Zahl gleich, mache die zweite Zahl der Summe aus der ersten und zweimal der zweiten gleich und die dritte Zahl der Summe aus der ersten, zweimal der zweiten und einmal der dritten Zahl gleich.

2	2	2
2 + 2	2 + 2 + 2	2 + 2 + 2 + 2

in Variablen:

a	a	a
2a	3a	4a

Die Ermittlung der geometrischen Harmonie gelingt ihm auf folgende Weise: gehe von einer beliebigen aequalitas, Gleichheit, aus und mache die erste Zahl der ersten gleich, die zweite Zahl der Summe aus der ersten und zweiten und die dritte Zahl der Summe aus der ersten, zweimal der zweiten und einmal der dritten:

4	4	4
4	8	16

in Variablen:

a	a	a
a	2a	4a

Die musikalische Harmonie findet er nach folgender Regel: gehe von der aequalitas aus und mache die erste Zahl der Summe aus der ersten und zweimal der zweiten gleich, die zweite Zahl der Summe aus zweimal der ersten und zweimal der zweiten gleich und die dritte Zahl der Summe aus der ersten, zweimal der zweiten und dreimal der dritten gleich:

2	2	2
2 + 2 + 2	2 + 2 + 2 + 2	2 + 2 + 2 + 2 + 2 + 2
6	8	12

in Variablen

a	a	a
3a	4a	6a

Problematisch an diesen Regeln ist jedoch, daß man zahlreiche Zahlenwerte erhält, die sich nicht auf dem Spielfeld befinden. Außerdem führen diese Regeln nicht zur Ermittlung aller möglichen Harmonien, sondern nur zu solchen, die sich aus den Vielfachen (multiplices) der in der aequalitas verwendeten Ausgangszahlen zusammensetzen.

Die Autoren des 11. und 12. Jahrhunderts scheinen die Begrenztheit dieser Verfahren geahnt zu haben, Verfahren, die eben einen großen Teil der im Spiel verwendeten Zahlenwerte zur Untätigkeit verdammten und damit dem eigentlichen Spielgedanken, im gegnerischen Feld eine harmonische Zahlenreihe aufzustellen, zuwiderliefen. Sie suchten daher zusätzlich nach Wegen, um weitere solche Harmonien zu bekommen. So stießen sie bei Boethius auf eine Möglichkeit, mit Hilfe zweier Zahlen, 5 und 45, alle drei Harmonien, die arithmetische, geometrische und musikalische zu berechnen. Sie übernahmen dieses Beispiel und gaben den Rechengang des Boethius wieder:

Das *arithmetische Mittel* ergibt sich, wenn man beide Zahlen addiert und die erhaltene Zahl durch 2 teilt:

$$5 + 45 = 50$$
$$50 : 2 = 25$$

5–25–45 arithmetische Harmonie

oder aber: Man teilt jene Zahl, um welche die größere die kleinere übersteigt, durch 2 und fügt die so gewonnene Zahl der kleineren hinzu:

$$45 - 5 = 40$$
$$40 : 2 = 20$$
$$5 + 20 = 25$$

5–25–45 arithmetische Harmonie.

Das *geometrische Mittel* erhält man, indem man mit den vorgegebenen Zahlen 5 und 45 folgendermaßen verfährt: Man multipliziert beide Zahlen und zieht aus dem Produkt die Wurzel, die die mittlere Zahl ergibt:

$$5 \cdot 45 = 225$$
$$\sqrt{225} = 15$$

5–15–45 geometrische Harmonie

oder aber: man errechnet den dritten Teil der größeren Zahl und hat damit die mittlere Zahl gewonnen:

$$45 : 3 = 15$$

Das *harmonische Mittel* wird gefunden, indem man die beiden Glieder 5 und 45 addiert: $5+45=50$,
die Differenz der Ausgangszahlen mit der kleineren Ausgangszahl multipliziert:

$45-5=40$
$40 \cdot 5=200$,

die so gewonnene Zahl durch die Summe der beiden Ausgangszahlen dividiert:

$200:50=4$

und die so erhaltene Zahl zur kleineren Ausgangszahl addiert:

$5+4=9$

5–9–45 harmonische oder musikalische Harmonie.

Doch die frühen Autoren haben diese bei Boethius angeführten Beispiele nur nachvollzogen, sie haben sie nicht für andere Zahlen und eigene rechnerische Versuche anwenden können. So blieb in den ersten beiden Jahrhunderten der Geschichte des »Zahlenkampfes« der Bestand der zur Verfügung stehenden Harmonien gering. Die Gegner auf dem Spielfeld geboten aber über weit mehr »Zahlenstärke« und Kombinationsmöglichkeiten, als sie ahnten. Aber sie waren der Materie, so scheint es, noch nicht völlig gewachsen. Zum Beispiel empfiehlt ein Gelehrter um 1100, die mittlere Zahl der geometrischen Harmonie durch eine Drittelung der größeren Eckzahl zu ermitteln. Dies hatte er dem bei Boethius angegebenen Beispiel 5–15–45 entnommen, seine Empfehlung aber war wertlos, da sie eben nur für dieses Beispiel galt.

Unablässiges Bemühen, dem Problem adäquat zu begegnen, verrät ein anderer Versuch, Harmonien herzustellen: man ging von sogenannten »harmonischen Zahlen« aus, d. h. von Zahlen auf dem Spielbrett, die in einem bestimmten Verhältnis zueinander stehen, also von multiplices, superparticulares und superpartientes (dazu siehe oben, S. 19ff.). So wählte man aus einer Partei zwei solche Zahlen aus und suchte die dritte dazu, z. B. für die musikalische Harmonie: die Zahlen 15 und 20 in der Partei der geraden Zahlen stehen zueinander in einem sesquitertius-Verhältnis (1⅓). Da sich – was die Gelehrten wußten (s. o., S. 34) – bei der musikalischen Harmonie der kleinste Wert, 15, zum größten Wert so verhalten muß wie die Differenz zwischen kleinstem und mittlerem Wert, nämlich 5, zur Differenz zwischen mittlerem und größtem, konnte man die fehlende Zahl erschließen, die 30. Sie befindet sich zwar auf dem Spielfeld, aber als Angehörige der gegnerischen Partei, der ungeraden Zahlen. Man mußte sie also zuerst rauben, um eine gültige Harmonie aufstellen zu können.

Ein weiteres Beispiel: die in einem sesquialter-Verhältnis (3 : 2) zueinander stehenden Zahlen der geraden Partei 4 und 6 benötigen die 12, um eine harmonische Reihe bilden zu können. Doch auch die 12 ist wiederum nur beim Gegner, muß also erst dort geraubt werden. Oder: die in einem multiplex-Verhältnis stehenden Zahlen 2 und 6 benötigen die gegnerische 3, die in einem superpartienten-Verhältnis stehenden 25 und 45 (9 : 5 = superquadripartientes, s. o. S. 21) der Partei der geraden Zahlen benötigen die gegnerische 225, um eine musikalische Harmonie zu erstellen.

Auf der Seite der ungeraden Zahlen sind z. B. 3 und 5 als superpartientes »harmonische Zahlen«. Die für die musikalische Harmonie erforderliche 15 kann aber nur vom Gegner geholt werden. 5 und 9 sind als superpartientes ebenfalls harmonisch, die nötige 45 befindet sich ebenfalls nur auf gegnerischer Seite. 28 und 7 bilden ein multiplex-Verhältnis, die fehlende 4 muß vom Gegner erbeutet werden.

Offensichtlich wurden anfangs auch die geometrischen und arithmetischen Harmonien nur mit einem solchermaßen begrenzten Zahlenbestand gebildet. So erscheint ihre Anzahl bei den frühen Autoren äußerst eingeschränkt; es finden sich im wesentlichen drei arithmetische Harmonien:

7 – (8) – 9	für die schwarze Partei
6 – 9 – (12)	für die weiße Partei
(6) – 9 – 12	für die schwarze Partei
9 – (12) – 15	für die weiße Partei
9 – 12 – (15)	für die schwarze Partei

wobei die eingeklammerten Zahlen jeweils vom Gegner zu erbeuten waren, und drei geometrische Harmonien:

4	–	8	–	16	für die weiße Partei
4	–	16	–	64	für die weiße Partei
(5)	–	15	–	45	für die weiße Partei
(4)	–	16	–	64	für die schwarze Partei

wobei nur die ersten beiden ohne Beute zu erstellen sind, also ohne einen fremden Stein auskommen.

Den Gelehrten scheint ein systematischer Zugang zu den arithmetischen Grundlagen des Spieles gefehlt zu haben, sie kamen damals vom Einzelfall nicht los, drangen nicht in das »System« der Rhythmomachie ein. So erörtert eine der ausführlichsten Handschriften aus der 1. Hälfte des 12. Jh. das Auffinden der drei Harmonien ausschließlich an den Zahlen 5 15 45, einem Beispiel, das schon lange aus der »Institutio Arithmetica« des Boethius bekannt war. Verallgemeinert man aber alle diese drei Zahlen betreffenden rechnerischen Möglichkeiten mit dem Ziel, alle weiteren, auf dem Spielbrett möglichen Harmonien zu finden, so konnte das nur zu Irrtümern führen, wie wir bereits gezeigt haben (S. 39). Sicher spielte man in den ersten hundert Jahren die Rhythmomachie mit einer beschränkten Anzahl solcher Zahlenkombinationen. Sie wurden daher wohl auch nur sehr selten von einem Autor neu errechnet und aus dem System abgeleitet, sondern als fester Bestand weitergegeben und immer wieder auswendig gelernt. Zu diesem Zweck prägte man sich Merkbilder ein – ein damals auch in anderen Lernbereichen übliches Verfahren –, deren geometrische Figuren die harmonischen Zahlenreihen sinnfällig erkennen ließen. Zum Beispiel:

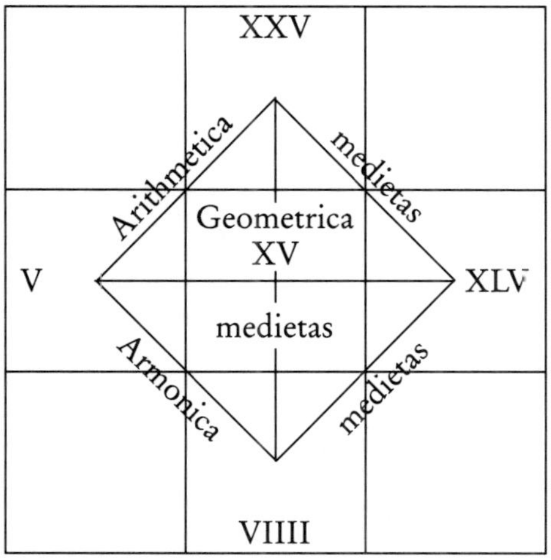

wobei das durch die Zahlen 5 25 45 umschriebene Dreieck ein arithmetisches Mittel (Harmonie) darstellt, das Dreieck 5 9 45 ein musikalisches und die gemeinsame Hypotenuse beider Dreiecke 5 15 45 ein geometrisches. Der Autor dieser Spielbeschreibung läßt uns indessen im Unklaren darüber, ob er auch die beiden kleinen Dreiecke aus den Zahlen 5 15 25 und 9 15 45 als ein arithmetisches und ein musikalisches Mittel erkannt hat.

Auch die Spielregeln selbst wurden damals nicht als ein geschlossenes System aufgefaßt, das sich in die vier Grundrechenarten gliedern läßt, wobei die Anleitung den Spieler von jeder allgemeinen Vorschrift zur speziellen Spielsituation führen muß. Man blieb an der Erörterung und Aufzählung der Einzelfälle haften, die man nach folgendem Muster aneinanderreihte:

die 4 schlägt die 12 im 3. Feld
die 16 im 4. Feld
die 28 im 7. Feld
die 36 im 9. Feld
die 56 im 14. Feld

die 5 schlägt die 15 im 3. Feld
die 20 im 4. Feld
die 25 im 5. Feld
die 45 im 9. Feld

und so fort bis zur 45, der letzten Zahl, welche noch eine der übrigen größeren Zahlen teilen kann (die 90). Ganz außer Acht blieben dabei zumeist die Möglichkeiten von Doppel- und Mehrfachschlägen (s. Spielregel Nr. 5), wobei zwei oder drei Rechenarten gleichzeitig zum Zuge kommen konnten, oder solche Fälle, wie das Einschließen von gegnerischen – oder aus Ungeschick auch eigenen – Spielsteinen am Spielfeldrand (s. Spielregel Nr. 4 g). Ein solch kasuistisches Vorgehen, wobei man von Einzelfall zu Einzelfall fortschritt, ohne den Versuch zu machen, bestimmte Fälle zu generalisieren und zusammenzufassen, entsprach ganz den damaligen Arbeits- und Denkweisen. So wie hier das System auf Arithmetik basierender Spielregeln allein durch die Eigenschaften zergliedert wurde, welche die Zahlen der Rhythmomachie innerhalb dieser Regeln hatten, so zergliederte man damals auch andere, aus der Antike überlieferte, logische oder grammatische Texte, um sie zu verstehen: die vorkommenden Begriffe und Namen wurden ohne Rücksicht auf den besonderen Zusammenhang in alphabetische Ordnungen gebracht und beschrieben. So rissen hier die Zahlen und dort das Alphabet die inhaltlichen Zusammenhänge auseinander. Die Arbeit der frühmittelalterlichen Gelehrten gleicht daher nicht selten dem Bemühen von Kindern, die zerstören um zu verstehen. Was blieb, waren die Namen und Bezeichnungen, vereinzelt, und häufig ihrer Bedeutungen beraubt. Wie läßt doch Umberto Eco seinen Adson seufzen: Stat rosa pristina nomine, nomina nuda tenemus. Die Rose von einst steht nur noch als Name, uns bleiben nur nackte Namen.

Auch lassen uns die Texte des 11. und 12. Jh. über das folgende Problem im Unklaren: nirgendwo wird ausdrücklich festgestellt, daß nur zwei harmonische Mittel aus dem eigenen Zahlenbestand einer Partei gebildet werden können, nämlich

9 15 45 und
9 16 72

die nur die weiße Partei aus ihren Zahlen herstellen kann. (Diesen leichten Vorteil für die Weißen haben wir in unseren Regeln dadurch ausgeglichen, daß Schwarz immer die Partie beginnt). Dagegen erklären aber fast alle Texte, daß sich die harmonischen Mittel nur mit Hilfe eines geraubten und bei Bedarf wieder neu eingesetzten gegnerischen Steines aufbauen lassen – (wir haben diese Regel in unserer Fassung vereinfacht) – eine Bemerkung, die darauf schließen lassen könnte, man habe die rechnerischen Wege zu den harmonischen Mitteln durchschaut. Dennoch aber verzeichnet auch die Handschrift (um 1100), welche das beste arithmetische Verständnis zeigt, längst nicht alle auf dem Spielbrett möglichen harmonischen Mittel. Solche Lücken aber lassen sich nur durch Lücken im rechnerischen Verfahren plausibel erklären.

So bleibt die Frage offen, ob man die damals immer formulierte Regel, wonach zum Aufbau eines harmonischen Mittels ein Stein des Gegners erst geraubt werden müsse, wirklich als aus einer rechnerischen Notwendigkeit folgend begriffen hatte. Oder ob man diese Regel kannte, bevor man die arithmetischen Grundlagen des Spieles ganz verstanden hatte. Das hieße aber, daß die Rhythmomachie, fragmentarisch oder bloß als Spielidee von außerhalb in die

Welt der mittelalterlichen Klöster gekommen ist, auf Wegen, auf denen damals auch das Schachspiel zu uns gelangte, oder über die griechischen Gelehrten, welche im ausgehenden 10. Jh. die ottonischen Kaiser an ihren Hof kommen ließen. So manche Ungereimtheit der Überlieferung dieses Spieles scheint für eine solche Annahme zu sprechen. Zum Beispiel hätte sich doch keiner unserer mittelalterlichen Bearbeiter der Rhythmomachie der Faszination entziehen können, die von der Entdeckung ausgeht, daß über die Hälfte der möglichen geometrischen Harmonien sich nicht nur aus dem eigenen Bestand beider Parteien bilden lassen, sondern daß sie sogar in einleuchtender symmetrischer Weise bereits innerhalb der Grundanordnung oder Ausgangsposition aller Steine aufgestellt sind – eine Tatsache, die sogar die Aufstellungsordnung der Spielsteine auf dem Brett erklären könnte. Doch verlieren unsere Texte kein Wort darüber:

1. *Auf der Seite der »Geraden«:*

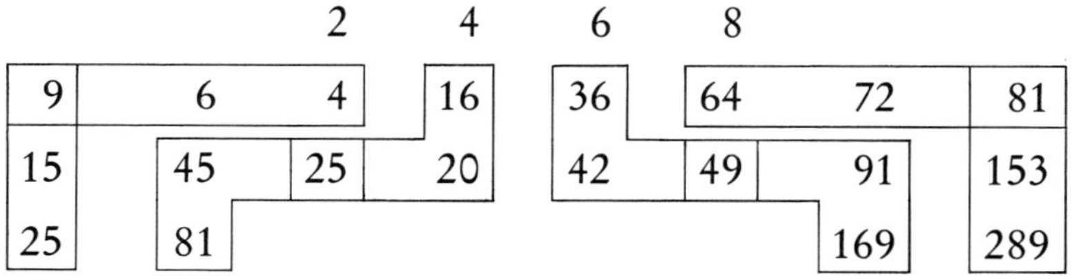

2. *Auf der Seite der »Ungeraden«:*

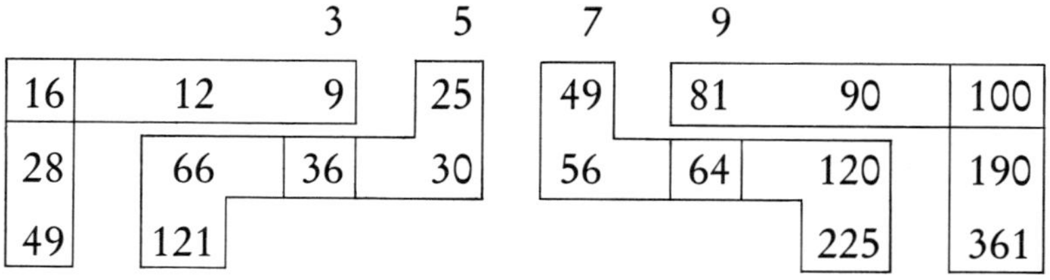

Auch bei Boethius hätten die Gelehrten damals die Anleitung finden können, wonach solche geometrischen Mittel oder Harmonien zu berechnen sind. Zu zwei aufeinanderfolgenden Quadratzahlen muß der in der Mitte liegende superparticularis numerus gebildet werden. Gegeben sind z. B. 4 und 9:

Der dazwischenliegende superparticularis ist 6,

denn 9 : 6 = sesquialter
6 : 4 = sesquialter

oder gegeben sind 16 und 25:

Der dazwischenliegende superparticularis ist 20,

denn 25 : 20 = sesquiquartus
20 : 16 = sesquiquartus

Die mittlere, die geometrische Harmonie vollendende Zahl errechnet sich aus der Wurzel von dem Produkt der beiden Randzahlen: $b = \sqrt{a\,c}.$

Boethius nennt aber nicht diese abstrakte Formel für die Ermittlung des geometrischen Mittels, sondern stellt sich deren Auffindung ganz konkret vor:

Gegeben sind zwei Tetragone = Viereckszahlen (Quadratzahlen) 1 und 4:

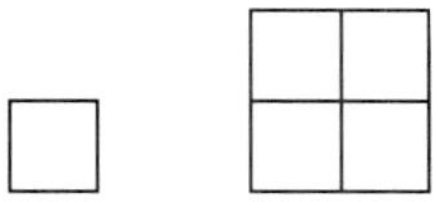

1 4

Die zu ermittelnde mittlere Zahl wird gefunden, indem man die kleinere Zahl um eine Seite verlängert:

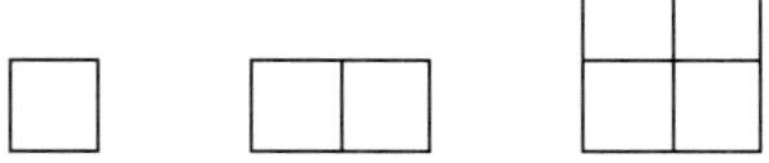

= 1 – 2 – 4
geometrisches Mittel

1 2 4

oder: gegeben sind die 4 und die 9

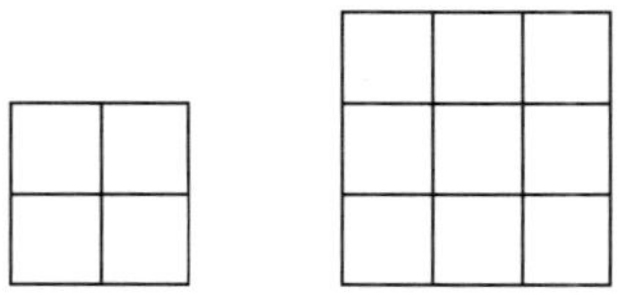

4 9

Verlängerung der kleineren Zahl um eine Seite:

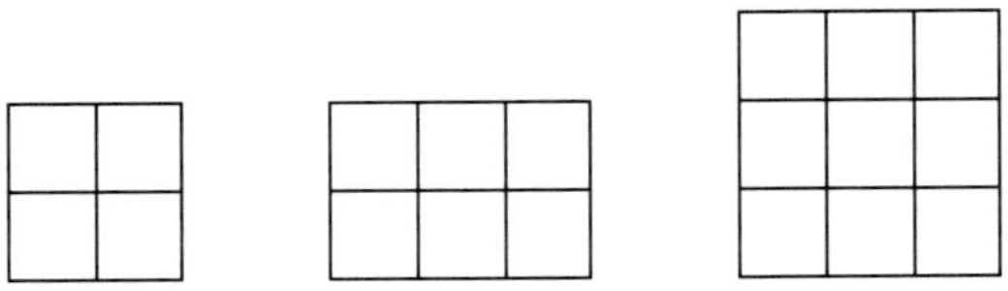

4 6 9

= 4 – 6 – 9
geometrische Harmonie

Daß in der Grundaufstellung beider Zahlenheere sich die geometrischen Harmonien so kunstvoll verschlungen darstellen, ergibt sich zwangsläufig durch die Zahlenwerte selbst, deren Folge sich auf eine Formel reduzieren läßt:

$$x,\ x^2,\ x(x+1),\ (x+1)^2\ (x+1)(2x+1),\ (2x+1)^2$$

runde Steine:

$x \longrightarrow x^2$ multiplex

dreieckige Steine:

$x \longrightarrow x\,(x+1)$ superparticularis zu x^2 nach dem Verhältnis

$$\frac{x\,(x+1)}{x^2} = \frac{x+1}{x}$$

$x \longrightarrow (x+1)^2$ superparticularis zu den dreieckigen $x\,(x+1)$ im Verhältnis

$$\frac{(x+1)^2}{x\,(x+1)} = \frac{x+1}{x}$$

viereckige Steine:

$x \longrightarrow (x+1)\,(2x+1)$ superpartiens zu $(x+1)^2$ nach dem Verhältnis

$$\frac{(x+1)\,(2x+1)}{(x+1)^2} = \frac{2x+1}{x+1}$$

$x \longrightarrow (2x+1)^2$ superpartiens zu $(x+1)\,(2x+1)$ nach dem Verhältnis

$$\frac{(2x+1)^2}{(x+1)\,(2x+1)} = \frac{2x+1}{x+1}$$

Wen es befremdet, als superpartienten zur Ausgangszahl das Verhältnis $2x + 1 : x$ statt des zu erwartenden $2x - 1 : x$ vorzufinden, der möge sich ins Gedächtnis zurückrufen (siehe S. 21), daß für die Ordnung der superpartienten (anders als bei den superparticularen) nicht der »Nenner«, sondern der »Zähler« maßgeblich ist.

Die Rhythmomachie, ein Zeitvertreib der Militärs vor 2000 Jahren?

Bei diesem Gang durch den Bestand der antiken arithmetischen Überlieferung, auf dem die Rhythmomachie fußt, könnten wir es bewenden lassen. Wer erschöpft ist oder durch das Übermaß an Streben nach Harmonie gelangweilt, sollte sogleich ein Spiel wagen. Wessen Neugier aber geweckt wurde, der mag selbst bereits den Verdacht hegen, daß dieses Spiel nicht so mittelalterlich sein kann, wie es die Umstände seiner Überlieferung nahelegen. Es scheint, daß schon die frühesten Spielbeschreibungen von einer Aufstellung der Spielsteine ausgingen, wie wir sie hier gezeigt und besprochen haben. Zwar wissen wir das heute nicht mit Sicherheit, aber eine andere Aufstellung, wie etwa die bloße Hintereinanderreihung der einzelnen Proportionen, wie wir das oben zu Übersichtszwecken getan haben (s. o., S. 22), ließe kaum ein flüssiges Spiel zu, da alle Werte sich gegenseitig den Weg verstellt und behindert hätten. Gehen wir aber von der Voraussetzung aus, daß von Anfang an mit der hier gegebenen Aufstellung der Steine gespielt worden ist, dann ist der zögernde und tastende Umgang mit den arithmetischen Möglichkeiten in der Frühzeit nicht ganz verständlich. Wer nämlich eine solche taktisch sinnreiche, Proportionen und Harmonien in nuce enthaltende Aufstellung hat entwerfen können, müßte auch in der Lage gewesen sein, sicher mit den darin beschlossenen arithmetischen Bedingungen umzugehen. Es sei denn, ihm sind Spielbrett und Aufstellung der Steine von außerhalb vermittelt worden, ohne einen arithmetischen Kommentar und ohne eine ausführliche Spielbeschreibung. Eine solche Annahme erklärte mit einem Schlag jene Rätselhaftigkeit des Spiels, die wir eingangs geschildert haben, jene begeisterte und dabei doch so umständliche Beschäftigung der damaligen Gelehrten mit der Rhythmomachie.

Der Verdacht scheint begründet. Schon der Kampf, den die geraden und die ungeraden Zahlen samt den von ihnen abhängigen Proportionen miteinander austragen, ist wenig mittelalterlich. Es ist kein Bruderkampf zwischen Königen um Krone und Leben, so charakteristisch für das Mittelalter. Der König, »der der Anlaß dieses Krieges«, wie Shakespeare sagt, fehlt. Der Kampf selbst erscheint ritualisierter, langsamer und in engere Formen gezwängt als beim Schach, es ist keine Menschenjagd, sondern viel eher ein feierlicher Wettkampf, so wie er zum Beispiel vor mehr als 2600 Jahren zwischen den euböischen Städten Chalkis und Eretria stattgefunden hat. Ein feierliches Abkommen, in dem die Regeln des

Streites festgesetzt waren, wurde im Tempel der Artemis niedergelegt. Zeit und Ort des Treffens wurden darin angegeben. Alle Fernwaffen wie Speer, Bogen und Schleuder sollten verboten sein, nur das Schwert und die Lanze durften die Entscheidung bringen.

Daß der »Zahlenkampf« nicht nur gelehrten Zeitvertreib widerspiegelt, sondern auch Kriegserfahrung und taktisches Wissen, zeigen bereits die Anordnung der Spielsteine und – im Vorgriff auf das nächste Kapitel – ihre Bewegungsmöglichkeiten. In geschickter Breiten- und Tiefenstaffelung stehen sich drei Truppengattungen gegenüber: die runden Steine (multiplices) sind langsam, aufgrund ihrer kleinen Werte nicht leicht zu schlagen, selbst aber gefährlich. Schneller, aber nicht ganz so gefährlich, da sie, fixiert an ihre diagonalen Bahnen, weniger leicht zum Schlagen kommen als die kleinen Werte, sind die dreieckigen (superparticulares). Sie schaffen im Verlauf des Kampfes neue Situationen und führen taktische Veränderungen herbei. Noch schneller, zugleich aber auch gefährdeter, sind die viereckigen Steine (superpartientes). Sie eignen sich in erster Linie dazu, das gegnerische Feld schnell zu besetzen und dort eine harmonische Zahlenreihe aufzubauen.

Eine solche Dreiteilung der Truppengattungen mit ihren Bewegungen scheint uns kaum allein durch die arithmetischen Werte selbst vorgegeben zu sein. Hier ist viel eher uraltes taktisches Wissen zu einem Brettspiel verwertet worden. Der römische Militärtheoretiker Vegetius aus der Zeit um 400 n. Chr. zeichnete die Bewegungsvorgänge des römischen Heeres mit verblüffender Ähnlichkeit: in der Mitte der Schlachtaufstellung stehen schwerbewaffnete, erfahrene und ältere Legionäre, gepanzert, mit Schwert, Schild und Lanze. Dahinter schnellere Bogenschützen und Speerwerfer, nur leicht gepanzert und beweglich, und schließlich die Reiterei, begleitet von den jüngsten Soldaten, Bogenschützen und Bleikugelschleuderern, deren Einsatz allein auf ihrer großen Schnelligkeit beruhte. Die schwerbewaffnete Mitte sollte nur langsam agieren, wie eine Mauer stehen, weder weichen, noch den Feind verfolgen. So umschreiben wir auf unserem Spielbrett auch die Aufgabe der multiplices (Vielfachen): niemals hinter die Ausgangsstellung zurückgehen, was ihnen jede Wirkungsmöglichkeit nehmen würde und damit auch jede Gefährlichkeit, doch auch niemals vereinzelt zu weit nach vorn gehen. Sie wären ein leichtes Opfer für den gegnerischen Turm, von dem wir gleich noch sprechen werden. Die Aufgabe der multiplices liegt vielmehr darin, das eigene Feld zu schützen und seine Besetzung durch die gegnerischen Steine zu verhindern. Wie die leichtbewaffneten Bogenschützen und die von schnellen jungen Fußtruppen begleitete Reiterei in der Darstellung des Vegetius den Feind über die Flanken oder durch die Reihen der Schwerbewaffneten hindurch verfolgen sollten, so bewegen sich auch unsere superparticulares und superpartientes. Das drückt sich bereits in der Aufstellung aus. So wird man nämlich gut daran tun, zuerst die langsamen multiplices an den Ecken, die 8 und die 2 auf der einen, die 3 und die 9 auf der anderen Seite, zu bewegen, um den Dreieckigen freie Bahn zu verschaffen, die ihrerseits den schnelleren Vierecken den Weg frei machen.

Noch näher am »Zahlenkampf« erscheint uns die ältere »Techne Taktike« (Kriegstaktik) des Flavius Arrianus aus dem 2. nachchristlichen Jahrhundert. Arrianus stammte aus Nikomedien und war Schüler des stoischen Philosophen Epiktet (gest. 140 n. Chr.). Als Offizier blieb er jedoch in erster Linie Praktiker und wie seine erhaltenen Schriften zeigen, auch an den Naturwissenschaften interessiert. Auch er betont in seiner »Taktik« eine deutliche Dreiteilung des Truppenkörpers. In der ersten Abteilung stehen die schwerbewaffneten Hopliten (griech. Waffenträger). Sie tragen Schwert, Speer, Helm, Schild und Panzer, sind besonders ausgewählte und erfahrene Leute, welche die eigentliche »Phalanx« bilden. Ihre wesentliche Aufgabe war es, die Statik der Schlachtreihe zu erhalten, nicht zu weit nach vorn zu rücken und nicht zu weichen. In der zweiten Reihe die Leichtbewaffneten und hinter diesen die Reiterei. Ihre Aufgabe ist es, schnell über die Flügel an den Hopliten vorbei den weichenden Feind zu verfolgen und zu stellen. Arrianus betont dabei, daß sowohl in der Aufstellung der Truppen, wie in ihrer Untergliederung arithmetische Grundsätze beachtet werden sollen. So soll das leichte Fußvolk immer nur halb so zahlreich sein wie das schwere, die Reiterei wiederum nur halb so stark wie das leichte Fußvolk. Auch in der Aufstellung eines Truppenkörpers sei das Verhältnis 2:1, das Verhältnis der Breite zur Tiefe, möglichst einzuhalten. Die wirkungsvollste Aufstellung einer Reiterabteilung, der sogenannten Ile, ist die nach Art der Quadratzahlen. Eine Ile nämlich enthält 64 Reiter (8 mal 8), die aufgrund ihrer Zahl leicht und mit schneller Übersichtlichkeit in verschiedene taktische Angriffsformen befohlen werden kann. In die »Raute«:

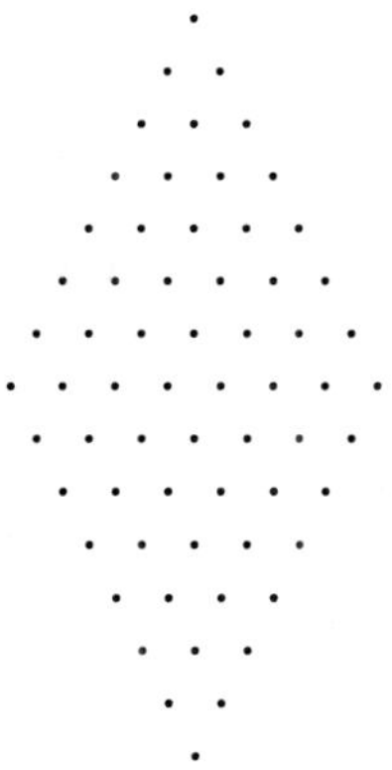

und in die »Keile«:

36 28

Hier finden wir eine praktische Anwendung der pythagoräischen Zahlendefinition wieder. »Zahl ist eine aus Einheiten (griech. monas, Monade) bestehende Menge.« Die Keile mit 28 und 36 Reitern setzen die Reihe der leicht zu konstruierenden Dreieckszahlen fort:

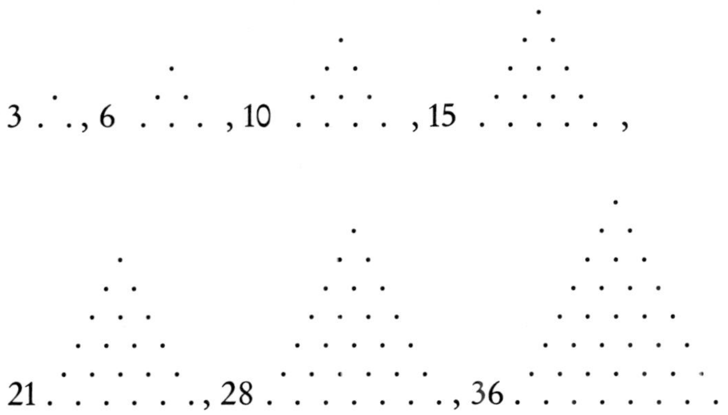

Eine solche nach Quadrat- und Dreieckszahlen taktisch verwendete Reiterei zeigt den Sinn dieser Anordnung: in der prekären Situation der Schlacht, wo nach Arrianus nichts so fürchterliche Konsequenzen haben kann wie Unordnung, durch sich in die »reinen Formen« der Zahlen teilende oder wieder addierende Truppenbewegungen Kontrolle, Übersicht und Nerven zu behalten. Um solche arithmetischen Operationen auf dem Schlachtfeld mit Erfolg und Ruhe durchführen zu können, schreibt Arrianus vor, für die Stärke des Heeres nur solche Zahlen auszuwählen, welche

Die Dreieckszahlen 1, 3, 6, 10, 15, 21, 28 in der Bamberger Handschrift des Boethius.

sich bis auf die »Einheit« (die »eins«, monas, Monade) herab in zwei gleiche Teile zerlegen lassen. Als Beispiel eines durchschnittlichen griechischen Heeres der Alexanderzeit gibt er 16 384 Hopliten an; die Hälfte davon, also 8192 Mann, soll das leichtbewaffnete Fußvolk betragen und wiederum die Hälfte davon die Reiter, nämlich 4096. Wir erkennen, daß 4096 gleich 64 Ilen zu je 64 Reitern sind (64 mal 64). Auch das Fußvolk ist nach solchen Grundsätzen der Zerlegbarkeit gegliedert: Die gebräuchlichste taktische »Einheit« war die Rotte (griech. Lochos) zu je 8, 10, 12 oder 16 Mann. Nehmen wir – wie Arrianus – eine Stärke von 16 an, dann besteht das schwere Fußvolk aus 1024 Rotten. Aus ebensoviel Rotten aber besteht auch das leichte Fußvolk, das indessen doch nur halb so stark wie das schwere sein soll. Damit nun auch hier die Proportion 2 : 1 bewahrt bleibt, besteht die Rotte des leichten Fußvolks aus nur 8 Mann.

Die Rotten wurden in Reihen aufgestellt, 16 Mann hintereinander, alle Rotten nebeneinander, so daß das erste Glied der Phalanx aus den 1024 Rottenführern bestand. Die Rotte selbst wird von Arrianus ganz arithmetisch definiert: sie ist eine Reihe von Vor- und Nachmännern, die vom Rottenführer und vom Schlußmann begrenzt wird. Damit auch die Bewegungen des Fußvolkes sowohl dem einzelnen Krieger leicht einzubläuen waren, wie auch den Feldherrn schon durch das Erkennen der jeweils eingenommenen Formen die Übersicht erhalten blieb, multiplizierten, teilten oder addierten sich die Rotten zu den verschiedensten taktischen Körpern. Die Rotte selbst konnte aus der Reihe in das Quadrat gleiten (4 mal 4 Männer); 4 Rotten bildeten die Tetrarchie mit 64 Mann, formiert wie die Quadratzahl 64

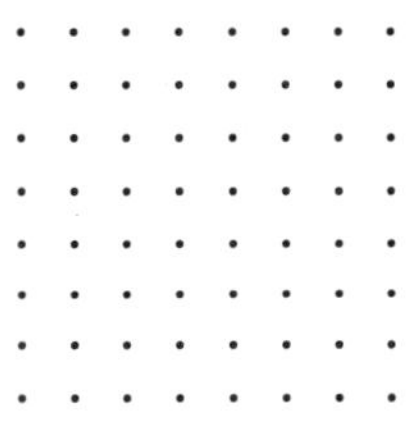

16 Rotten flossen zur Syntagma zusammen, mit 256 Mann, gleichfalls eine Quadratzahl. Die Rotte konnte sich teilen, es entstand die Dimoiria (8 Mann), die Dimoiria teilte sich wieder und es entstand die Enomotie als kleinste taktische Einheit des Heeres. Auch die Tetrarchie teilte sich in zwei Dilochien zu je 32 Mann.

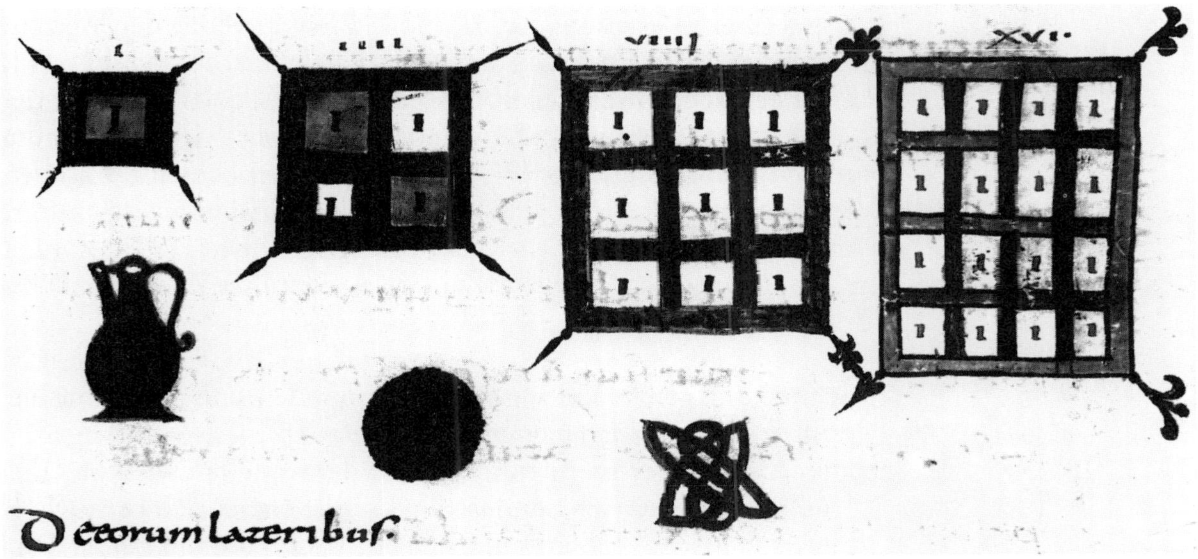

Die Viereckszahlen (Quadratzahlen) 1, 4, 9, 16 in der Bamberger Boethius-Handschrift.

Alle Truppenbewegungen vor und während des Kampfes, so schreibt Arrianus, auch Truppenverstärkungen oder Verminderungen, können daher in leicht zu überwachenden Verdoppelungen, Teilungen und Vervielfachungen geschehen. Nach dem Wortlaut bei Arrianus scheint es sogar, daß jede Rotte nacheinander durchnumeriert wurde, in seinem Beispiel von 1 bis 1024. Sollte nämlich eine Verdoppelung der Tiefe erreicht werden, so rückten die Rotten mit den geraden Zahlen 2, 4, 6, 8, 10 usf. jeweils nach links in die Rotten mit den ungeraden Zahlen ein, 1, 3, 5, 7, 9 usf., wobei der Vordermann der Rotte 2 der Nachmann des Vordermanns der Rotte 1 wurde und so fort.

Unter den Reitern befand sich – nach Arrianus – in früherer Zeit auch eine Abteilung aus Elefanten, die hölzerne Türme mit Bogenschützen trugen. Zu ihrer taktischen Verwendung sagt er indessen nichts, da zu seiner Zeit die Elefanten als Waffe schon unmodern waren. Gefährlich aber waren sie zu Zeiten Alexanders, die Stoßzähne mit Messern bewehrt, die schreckliche Wunden rissen. Liegt in diesen turmbewehrten Kolossen das Vorbild für den Turm auf dem Spielbrett der Rhythmomachie? Beide Türme nehmen hier jeweils auf ihrer Seite einen Platz innerhalb der schnellsten Zahlen ein, der superpartientes. Sie sind in eine Reihe aufeinanderfolgender Quadratzahlen zerlegbar:

$$36 + 25 + 16 + 9 + 4 + 1 = 91$$
$$64 + 49 + 36 + 25 + 16 = 190$$

Ihre jeweiligen Gesamtwerte, 91 und 190, entsprechen den Werten, die innerhalb der Ordnung der superpartientes notwendig sind, um die geforderten Proportionen zu bilden. Mit der 1 enthält die 91 ein Element mehr als 190, doch diese »Einheit« wird nur für die Summenbildung benötigt (91), besitzt im Spiel keinen taktischen Wert, ganz entsprechend dem pythagoräischen Zahlenverständnis, wonach die 1 als nicht mehr teilbare »Ureinheit« aller Zahlen (monas, Monade) selbst keine Zahl ist, sondern die Zahlen erst hervorbringt.

Schnell und gefährlich wie einst die Elefanten sind die Türme der Rhythmomachie, doch bietet ihre Größe auch ebensoviel Angriffsfläche. Als einziger Truppenkörper auf dem Spielfeld vereinigt der Turm die Qualitäten aller anderen in sich, er eignet sich vorzüglich dazu, gegnerische Zahlen zu schlagen, auch zum ständigen Vor-

und Rückwärtseilen, um Verwirrung und Angst beim Gegner zu stiften, ja überraschend steht er mit einem seiner Einzelwerte seinen Genossen bei, im gegnerischen Feld die triumphierende Harmonie zu errichten.

Wie dies der Spielgedanke der Rhythmomachie, so ist die eigentliche Absicht der dreigliedrigen Heeresaufstellung bei Arrianus, den Gegner zu »überflügeln« und damit zum Weichen zu bringen. Wichtigste Kampfbewegung ist daher die Verlängerung der Front durch das im Rücken der Schwerbewaffneten stehende leichte Fußvolk. Dies soll am besten über die Flügel geschehen, da so am wenigsten Unordnung in die Schlachtreihe kommt. Ist der Feind unsicher geworden, verstärkt die Reiterei diese Flügelbewegung, wobei, wird über beide Flügel angegriffen, in Arrians Beispiel rechts und links jeweils 2048 Reiter vorgehen, das sind 8 Syntagmata zu je 256 Reitern. Versinnbildlichen wir uns diese Vorgänge, dann verändert sich die arrianische Grundaufstellung des griechischen Heeres

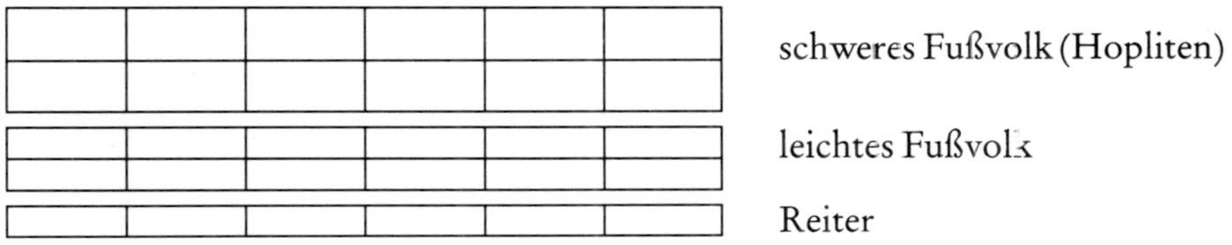

beim Angriff folgendermaßen:

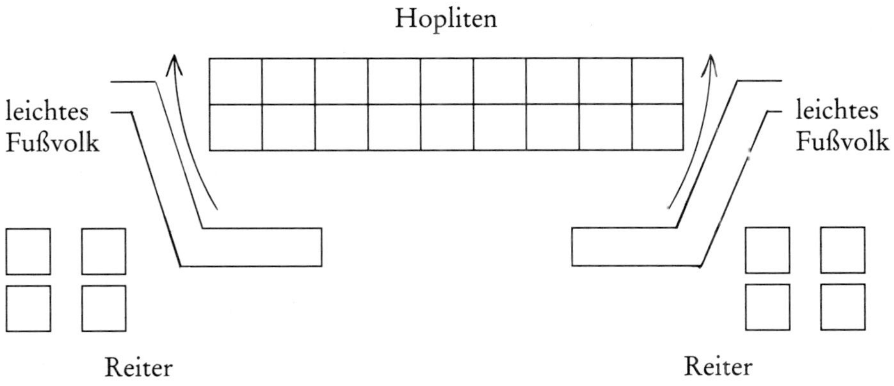

Mit Erstaunen und einer gewissen Entdeckerfreude erkennen wir hier die Anordnung der Spielsteine unseres Zahlenkampfes wieder. Zugleich machen wir die betrübliche Erfahrung, daß Kriegsformen länger leben als Spiele. Wie zäh nämlich an solchen taktischen Theorien festgehalten wurde, zeigen zum Beispiel noch die Abwehrkämpfe des Oströmischen Reiches gegen die Perser. Bei Cannae (217 v. Chr.) verloren die Römer in einer solchen Aufstellung gegen Hannibal, bei Zama (202 v. Chr.) konnten sie ihn besiegen. Im Jahr 530 stellte sich der oströmische Feldherr Belisar bei Dara in Mesopotamien den angreifenden Persern entgegen. Belisars Aufmarsch betont sowohl die dreiteilige Anordnung der Truppen – Flügel, Zentrum, Reserven – wie jene statische Einstellung der in der Mitte postierten Hauptmacht, wie Vegetius und Arrianus sie beschrieben haben. Dabei spielt es auch keine Rolle, daß es zu seiner Zeit keine Unterscheidung mehr zwischen Schwer- und Leichtbewaffneten gegeben hat. Die Phalanx verfolgt nicht, soll nicht weichen, nur den Platz behaupten. Alle Aktion beginnt über die Flügel, dort wird, wie in unserem Zahlenkampf, die Schlacht gewonnen oder verloren. Belisar hat sie gewonnen.

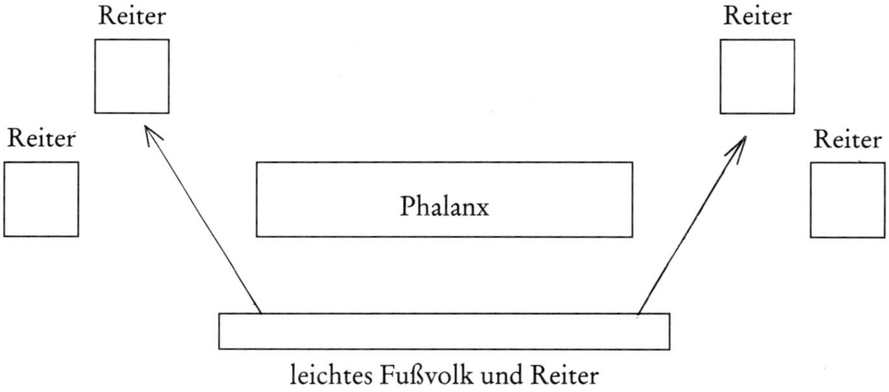

Belisars Aufstellung in der Schlacht von Dara (530 n. Chr.) (nach Rasin).

Die alte Taktik zeigt, daß der alte Krieg nur selten auf die völlige Vernichtung des Gegners ausgehen konnte. Die Phalanx stürzte nicht hechelnd den Fliehenden nach, um sie niederzumetzeln. Die Reiterei war selten zahlreich genug. Ausrottungskriege waren eine barbarische Errungenschaft, Germanen und Hunnen haben sie als Tradition bewahrt. Unter ihren Raubzügen versank nicht nur die antike Zivilisation mit ihren Tempeln, Bibliotheken, der Wissenschaft und Kunst, sondern auch der antike Alltag mit den kleinen Freuden, den Bädern, Büchern, Theatern und Spielen. Antike Brettspiele waren zahlreich, doch wissen wir nur noch wenig darüber. So bleibt es bei der bloßen Vermutung, daß auch die Rhythmomachie auf verschlungenen und nicht mehr erkennbaren Wegen als Erinnerung, als Bruchstück oder noch als gespieltes Spiel ins Mittelalter gelangt ist. Klösterliche Stille gab die Muße dazu, ein erstes Anzeichen dafür, daß auch die Barbaren bereit waren, Kultur anzunehmen. Auch Arrianus hatte die Stille als ein Zeichen von Überlegenheit über alles Barbarische gelobt. Ein Heer der Barbaren, so schrieb er, ist erfüllt von barbarischem Lärm und bunter Unordnung. Wie Kraniche und Gänse und das Volk langhalsiger Schwäne kreischt alles durcheinander. Die Griechen aber marschierten in Stille. Und in dieser Stille verstand jeder Einzelne ohne Zweideutigkeit die Befehle des Feldherrn:

- Tetrarchie teilt!
- Tiefe verdoppelt!
- Schlußmann, achte auf die Rotte!
- Senkt den Speer!

So geben wir hier noch als ersten taktischen Tip für alle Spieler der Rhythmomachie »Ruhe bewahren!«. Und nutzen zu diesem Zwecke einen Vers des fernen Homer:

Sie wandelten still, unsere mutbeseelten Zahlen,
All im Herzen gefaßt, zu verteidigen Eine die Andere.

Ein vortrefflich/
und uhraltes Spiel

Die Spielregeln der Rhythmomachie

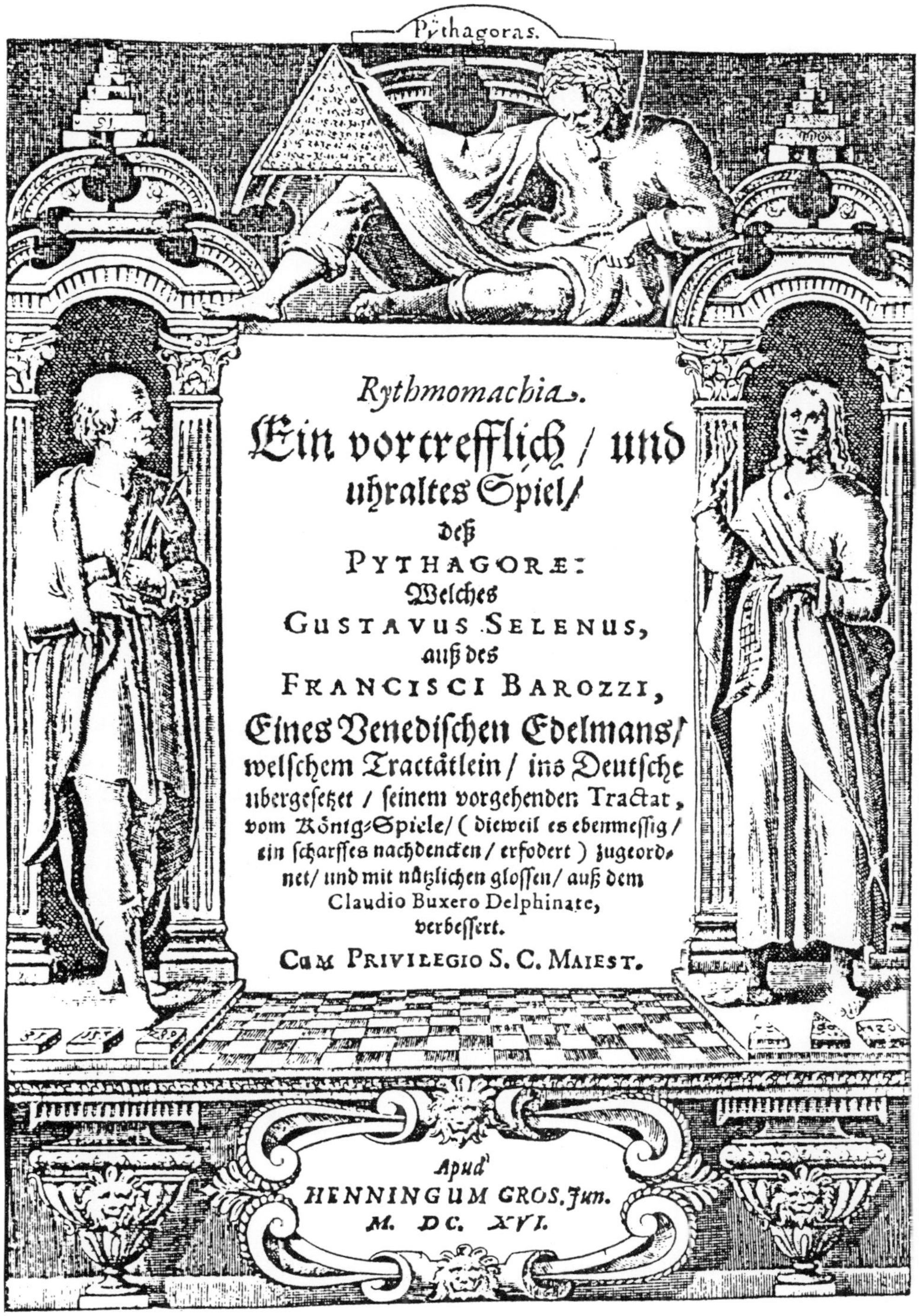

Titelblatt der 1616 von Herzog August dem Jüngeren in Leipzig herausgegebenen Rhythmomachie. Der Herzog benutzte das Pseudonym Gustav Selenus. Er legte seiner Bearbeitung die italienische Fassung des F. Barozzi und die französische des Claude Boissière zugrunde. Seine Anleitung umfaßt 50 Seiten und endet mit dem Hinweis, daß dieses Spiel besonders den gelehrten und subtilen Köpfen nütze, wenn sie von »der Kopf-Arbeit abgemattet« seien.

Die hier vorgelegten Regeln fußen zum Teil auf den ältesten Spielbeschreibungen, zum Teil auf den französischen und deutschen Bearbeitungen aus der Zeit der Renaissance und des 17. Jahrhunderts. So knapp, unvollständig und widersprüchlich die einzelnen Regeln der frühen Zeit waren, so umfangreich und unübersichtlich waren sie es seit dem 15. Jahrhundert. Spielerfreude, Tüftlerarbeit und Gelehrsamkeit haben damals die Spielvorschriften zu einem überaus komplizierten und kaum überschaubaren »Gesetzeswerk« anschwellen lassen. Da gab es Regeln über die Wiederverwendbarkeit geschlagener und vom Brett entfernter Steine, über schwache und starke Harmonien, über Viertel-, halbe und ganze Siege. Wie eine der ersten deutschen Spielbearbeitungen zeigt, die 1616 verfaßte Anleitung Herzog Augusts des Jüngeren von Braunschweig, war auch damals noch vieles an den Regeln »etwas dunckel/und unverstendlich an den tag gegeben/«. Auch dem Herzog ist es indessen nicht geglückt, ein überschaubares und flüssiges Spiel zu ermöglichen. Dem barocken Zeitgeschmack entsprechend muß damals eine Partie so lange gedauert haben wie ein durchschnittlicher Krieg.

Wir haben daher die Spielregeln wesentlich gekürzt, Widersprüche beseitigt und den Spielgedanken selbst gestrafft. Geblieben ist dennoch eine stattliche Anzahl von Regeln, die es erst einmal in den Griff zu bekommen gilt. Wie beim Schachspiel kommt es bei der Rhythmomachie nicht darauf an, möglichst viele gegnerische Steine zu schlagen; hier ist schnell das gegnerische Feld mit einer harmonischen Zahlenreihe zu besetzen. Beherzigt man diese Mahnung, wird eine Partie kaum länger als eine Stunde dauern. Bessere und gerissenere Arithmetiker als wir werden ihre Gegner vielleicht noch schneller überwinden.

Spielmaterial:

- 1 Spielbrett (16 × 8 Felder)
- Je 24 schwarze und weiße Spielsteine
  - 8 runde
  - 8 dreieckige
  - 7 viereckige
  - 1 Turm

  } je Farbe
- Harmonietabellen

Aufstellung der Steine: Die Steine werden folgendermaßen aufgestellt:

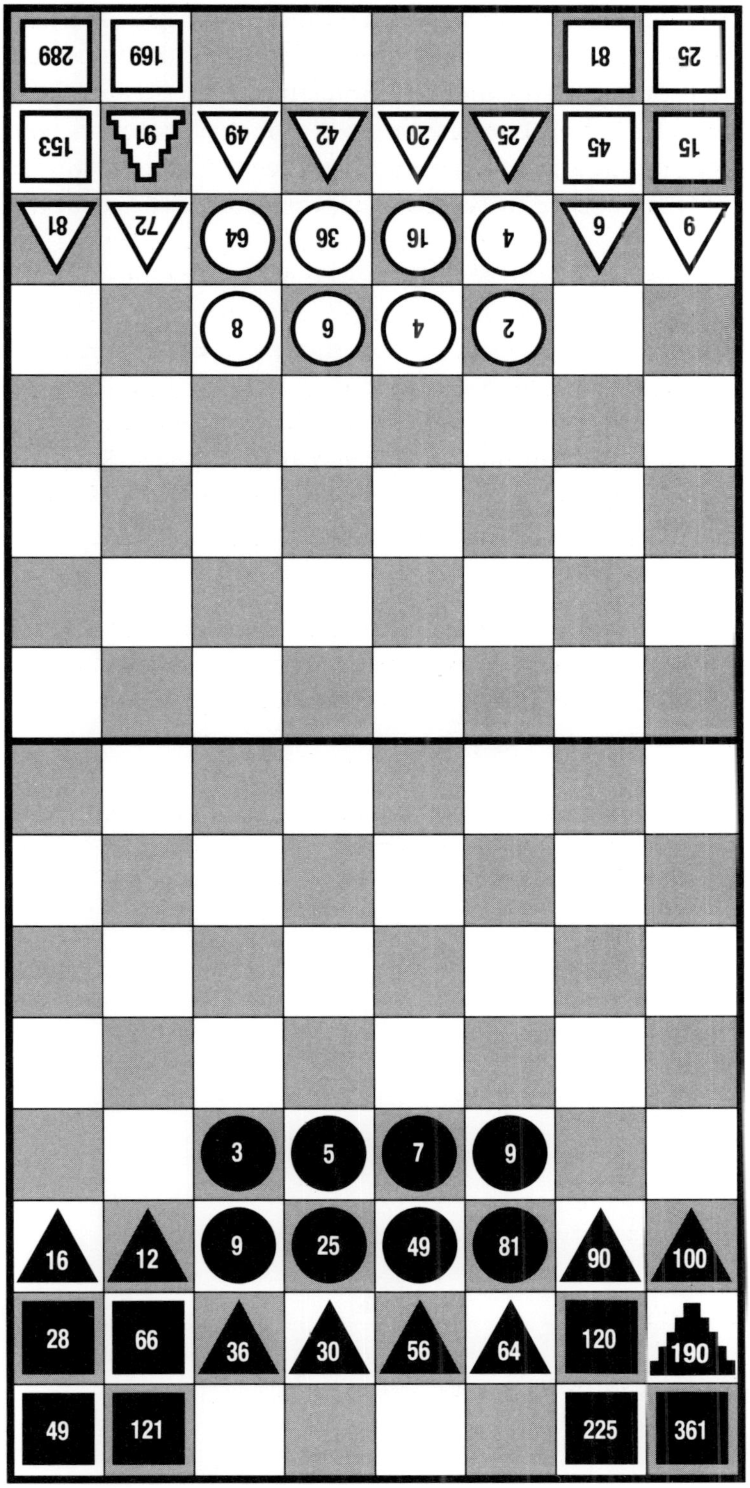
3 5 7 9
16 12 9 25 49 81 90 100
28 66 36 30 56 64 120 190
49 121 225 361

Spielgedanke: Durch taktisches Manövrieren der Steine müssen die Spieler versuchen, mit drei Steinen in der gegnerischen Hälfte des Spielfelds eine Harmonie, d. h. eine Zahlenanordnung nach festgelegten Regeln, zu bilden (siehe Regel 9). Gleichzeitig sollte darauf geachtet werden, den Gegner am Aufbau einer eigenen Harmonie zu hindern. Gewinner ist, wer zuerst eine solche Harmonie zustande bringt.

Spielregeln:

1. Schwarz beginnt.

2. Es wird abwechselnd gezogen. Dabei dürfen weder eigene noch gegnerische Steine übersprungen werden.

Runde Steine ziehen ins *zweite* Feld (das eigene wird immer mitgerechnet), nach allen Richtungen, aber *nicht diagonal.*

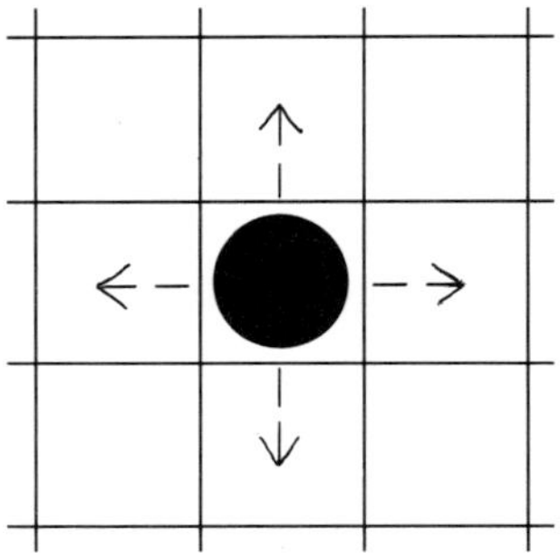

Dreieckige Steine ziehen ins *dritte* Feld nach allen Richtungen, *nur diagonal.*

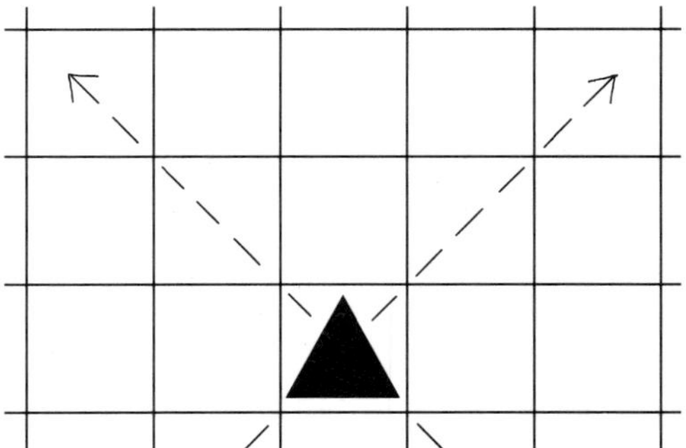

Viereckige Steine ziehen ins *vierte* Feld nach allen Richtungen, *auch diagonal.*

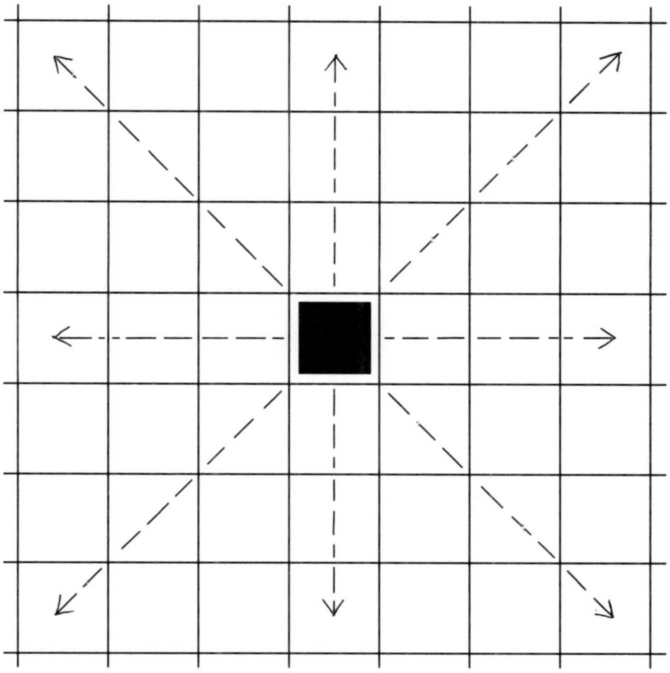

Ein Turm besteht aus einem runden, zwei dreieckigen und zwei viereckigen Steinen.

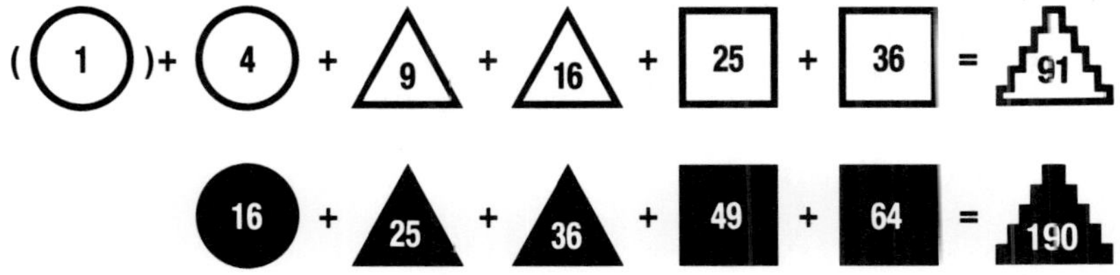

Er kann all die Züge ausführen, die diesen einzelnen Steinen erlaubt sind; d.h. der Spieler entscheidet sich jeweils für *eine* Zugmöglichkeit des Turms.

3. Alle Steine schlagen in die ihnen jeweils vorgegebenen Zugrichtungen (z.B. dreieckige Steine nur diagonal), wobei sie niemals die Position des geschlagenen Steins einnehmen, sondern am Ort verbleiben.

4. Gegnerische Steine werden durch Anwendung der vier Grundrechenarten (Multiplikation (4 a), Division (4 b), Addition (4 c) und Subtraktion (4 d)), durch Mischen der vier Grundrechenarten (4 e), durch Schlagen gleicher Werte (4 f) und durch Einsperren (4 g) geschlagen. »Punkt-« und »Strichrechnung« unterscheiden sich in der Anwendung hier nicht nur in der einzelnen Operation, sondern auch im unterschiedlichen Einsatz der »dazwischenliegenden« Felder.

   a) *Multiplikation:*
   Ein gegnerischer Stein wird durch Multiplikation geschlagen, wenn ein angreifender Stein auf ein solches Feld gerückt wird, daß der Wert des eigenen Steins multipliziert mit der Zahl der dazwischenliegenden Felder (das eigene und das Feld des gegnerischen Steins werden mitgezählt) den Wert des gegnerischen Steins ergibt. Die Zugweite des angreifenden Steines spielt (im Unterschied zur Zug*richtung*) dabei keine Rolle (s. Spielregel 2). Der gegnerische Stein wird vom Brett genommen, der angreifende Stein verbleibt in seiner Position. Zu beachten ist, daß zwischen dem angreifenden und dem zu schlagenden Stein keine weiteren Steine stehen dürfen.

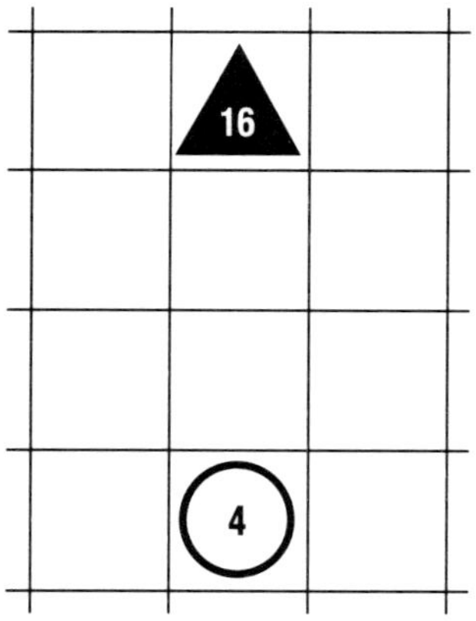

Weiß hat gezogen und schlägt in dieser Position die

Diese wird vom Brett genommen, die

bleibt an ihrem Platz.

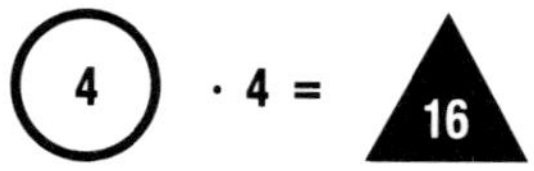

Schwarz hat gezogen und schlägt die

(diagonal!).

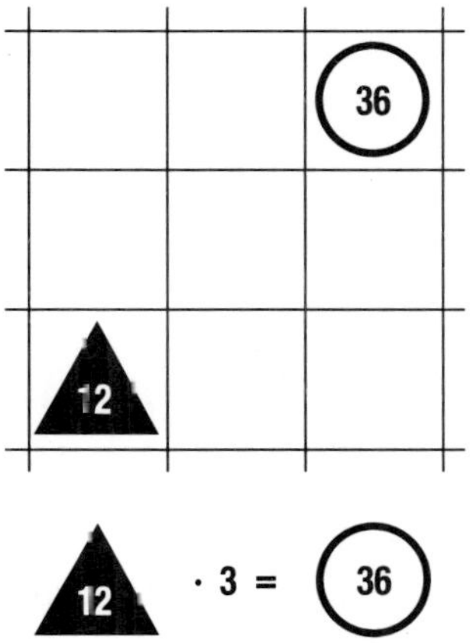

b) *Division:*
Das Schlagen durch Division geschieht analog zur Multiplikation.

Schwarz hat gezogen und schlägt die

Beachte: Die

könnte die

nicht durch Multiplikation schlagen, da ein runder Stein nicht diagonal schlagen kann. Achtung: Die Zugweite der 16 spielt hier, wie auch bei der Multiplikation, keine Rolle: es zählt die Zahl der »dazwischenliegenen« Felder und die Zugrichtung.

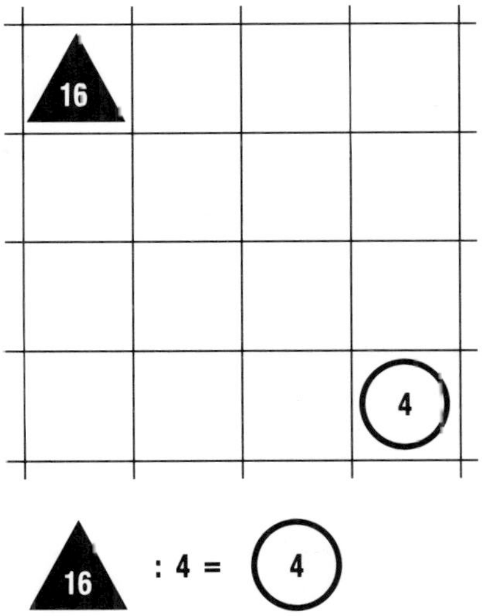

c) *Addition:*
Zwei oder mehr Steine können einen gegnerischen Stein dann schlagen, wenn ihre Summe den Wert des gegnerischen Steins ergibt. Die Stellung der angreifenden Steine muß so sein, daß jeder von ihnen, wäre er am Zug, auf das Feld des

angegriffenen zu stehen käme. Hier spielt die Zahl der »dazwischenliegenden« Felder also nur für die Zugweite, nicht aber für die Rechenoperation eine Rolle. Addiert werden dürfen nur Steine der eigenen Farbe.

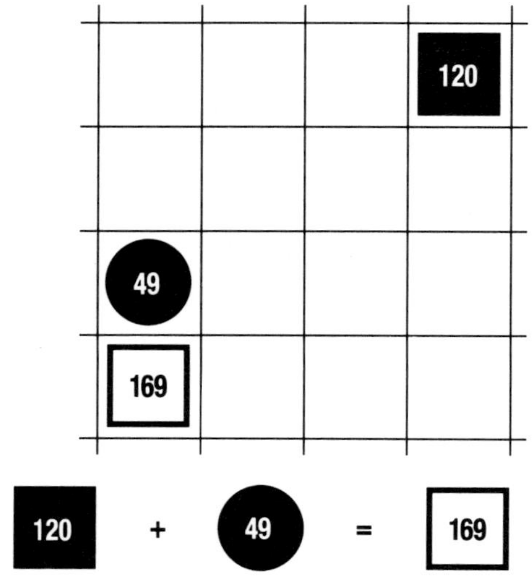

Schwarz hat gezogen (entweder mit 120 oder 49) und schlägt die 169 ; sowohl die 49 als auch die 120 stehen so, daß sie im nächsten Zug das Feld der 169 erreichen könnten; 49 ins zweite Feld, 120 ins vierte.

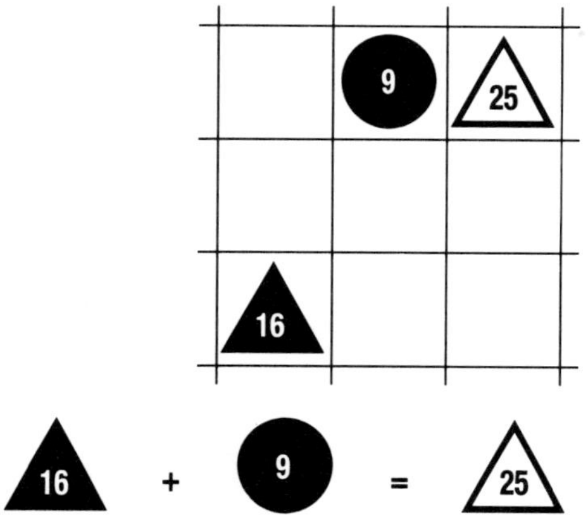

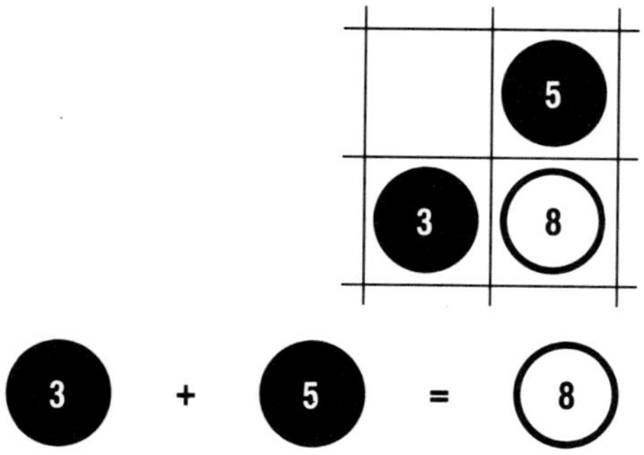

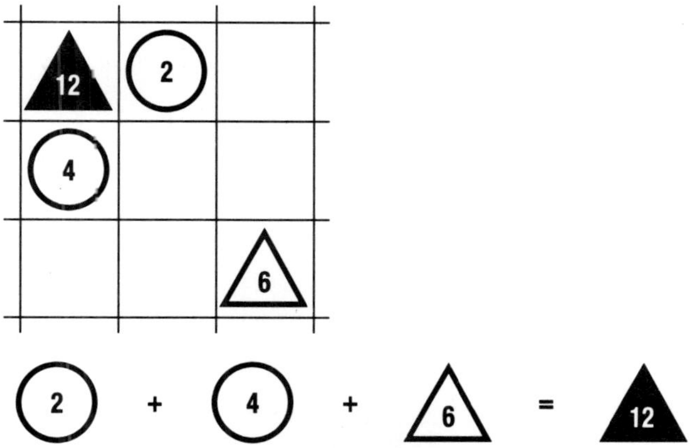

d) *Subtraktion:*
Das Schlagen durch Subtraktion verläuft analog zur Addition.

Weiß hat gezogen und schlägt durch Subtraktion die

Beachte: Zugrichtung!

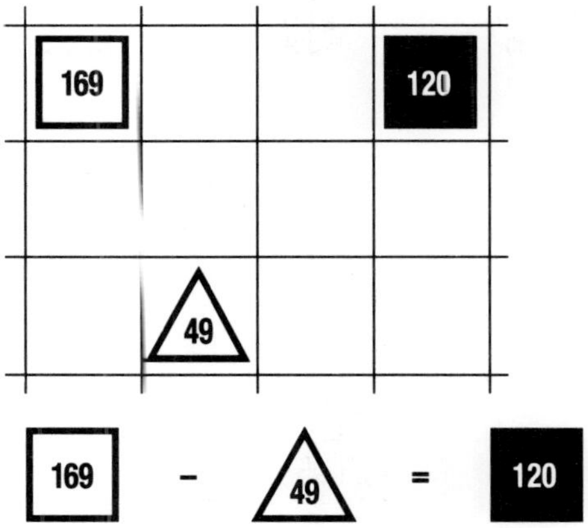

Schwarz hat gezogen und schlägt durch Subtraktion die

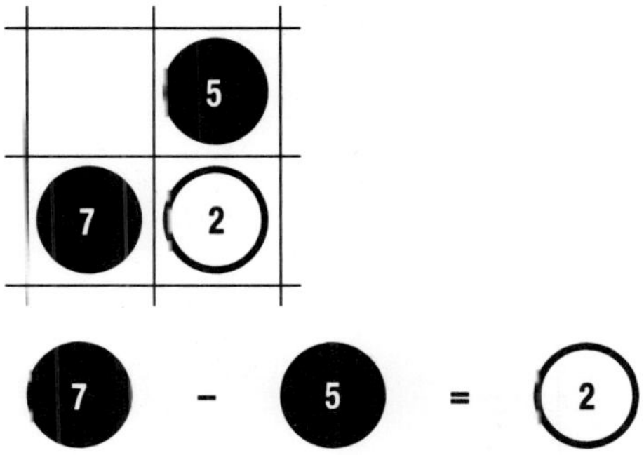

e) *Das Mischen von Rechenarten* ist erlaubt.

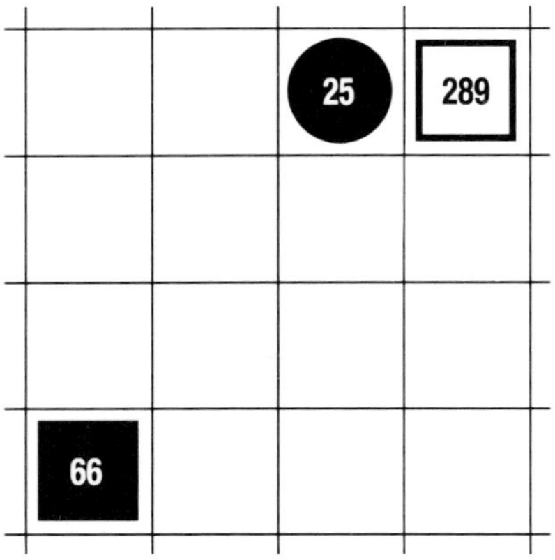

Schwarz hat gezogen, schlägt die 289

durch die 66

(vgl. Regel 4a) und die 25

(vgl. Regel 4c).

(66 · 4) + 25 = 289

f) *Schlagen gleicher Werte:*
Die Quadratzahlen 9, 16, 25, 36, 49, 64 und 81, die beiden Farben gemeinsam sind, können zusätzlich nach folgender Regel geschlagen werden: Der angreifende Stein muß so in Stellung gebracht werden, daß er im nächsten Zug auf das Feld des gegnerischen *gleichen* Werts gelangen könnte.

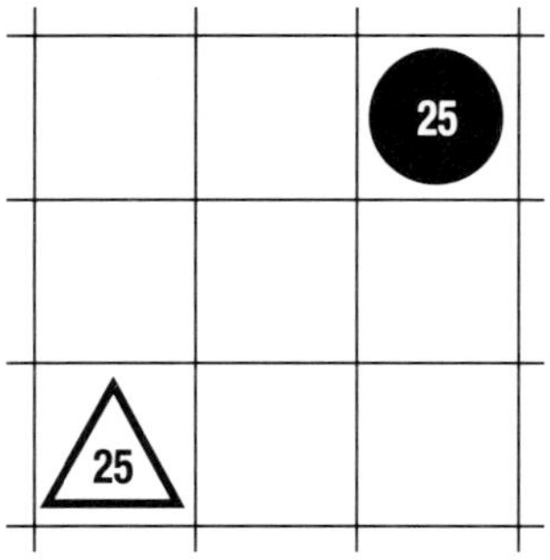

Weiß hat gezogen, schlägt die 25 ,

nimmt aber nicht die Position des geschlagenen Steins ein. (Gilt nicht umgekehrt, da runde Steine nicht diagonal und zudem ins zweite Feld ziehen (vgl. Regel 2 und 3).

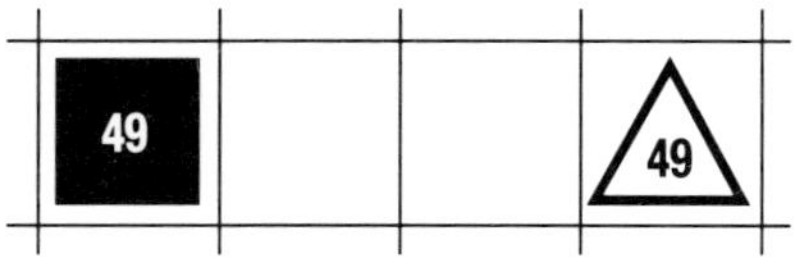

Schwarz hat gezogen, schlägt die 49

g) *Einsperren:*
Wird ein Stein von gegnerischen Steinen so belagert, daß für ihn kein Zug mehr möglich ist, wird er vom Brett genommen.

Weiß hat gezogen und schlägt die 

.

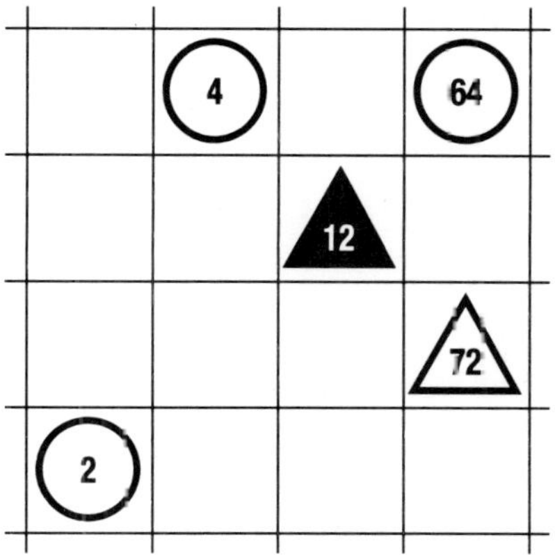

Schwarz hat gezogen und schlägt die am Spielbrettrand stehende 

.

5. *Doppel- und Mehrfachschläge* sind erlaubt.

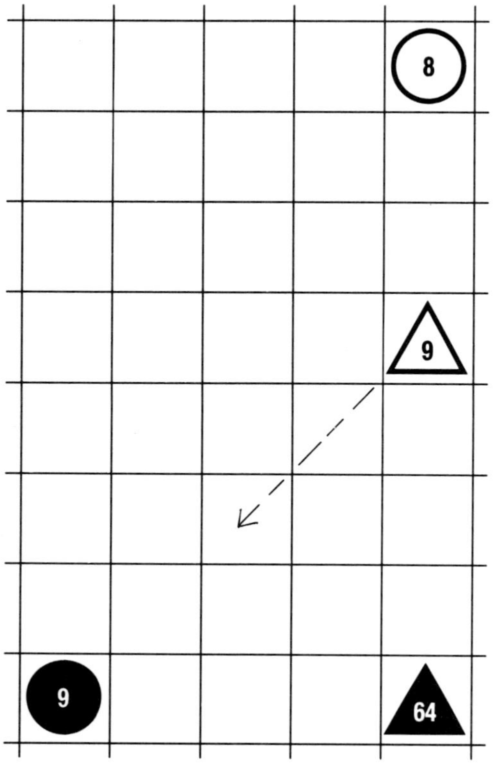

Weiß zieht in Pfeilrichtung, schlägt die 

(vgl. Regel 4f) und eröffnet gleichzeitig der 

die Möglichkeit, die 

durch Multiplikation zu schlagen. Beide Steine werden vom Brett genommen.

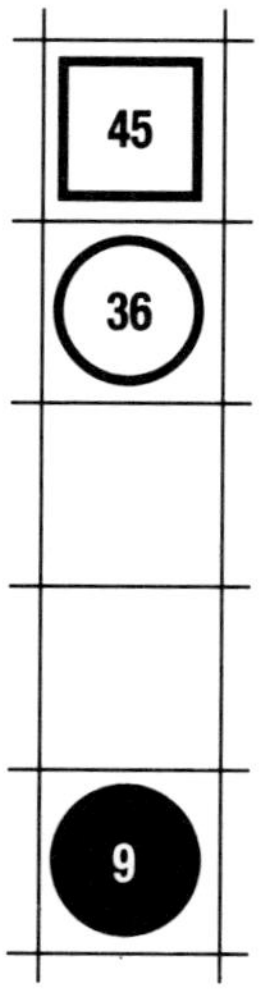

Schwarz hat gezogen, schlägt die

(

·4= 

)

und eröffnet sich damit die Möglichkeit, die

auch noch zu schlagen.

6. Wenn ein Spieler unvorsichtigerweise einen Stein so auf ein Feld setzt, daß dieser vom Gegner geschlagen werden kann, darf der Gegner den Stein vom Brett nehmen und dennoch ziehen.

7. Wurde im Spielverlauf übersehen, einen Stein vom Brett zu nehmen, kann dies bei einem späteren Zug nachgeholt werden, sofern die betroffenen Steine ihre Positionen nicht verändert haben. Es darf dennoch gezogen werden.

Bei dieser Konstellation kann jeder der beiden Spieler, sobald er am Zug ist, den gegnerischen Stein vom Brett nehmen und dennoch ziehen.

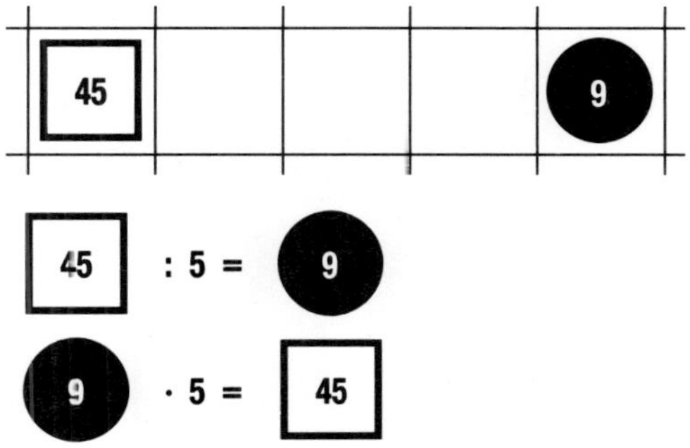

8. *Die Türme*

Die Türme setzen sich aus den drei im Spiel vorhandenen Formen zusammen und werden als Ganzes fortbewegt. Sie ziehen, schlagen und werden geschlagen gemäß den Möglichkeiten ihrer Bestandteile. Der Turm kann schlagen mit seiner Gesamtsumme und mit jeder einzelnen in ihm enthaltenen Quadratzahl, nicht aber mit Teilsummen aus zwei, drei oder vier seiner Bestandteile. Hat er Teile verloren, kann er selbstverständlich nicht mehr mit seiner Gesamtsumme durch Rechenoperationen schlagen oder geschlagen werden.

Es bleibt dem Spieler überlassen, mit welchem Turmstein er zieht und mit welchem er schlägt; der schlagausführende Stein muß also nicht dem Stein entsprechen, mit dem gezogen wird.

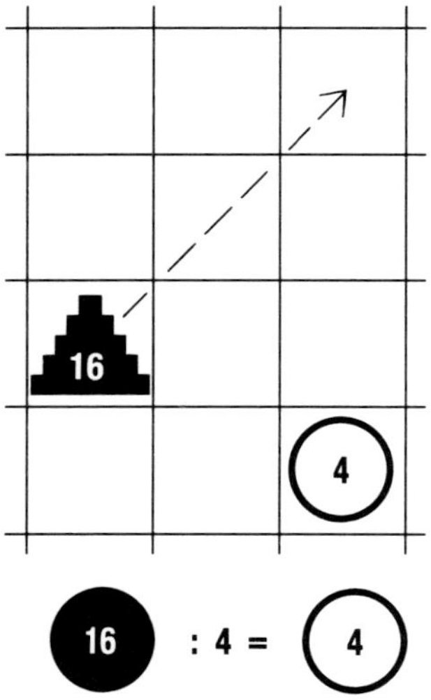

Der schwarze Turm zieht in Pfeilrichtung (d. h. nach Art der *dreieckigen* Steine) und schlägt mit der *runden*

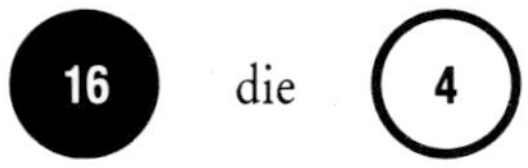

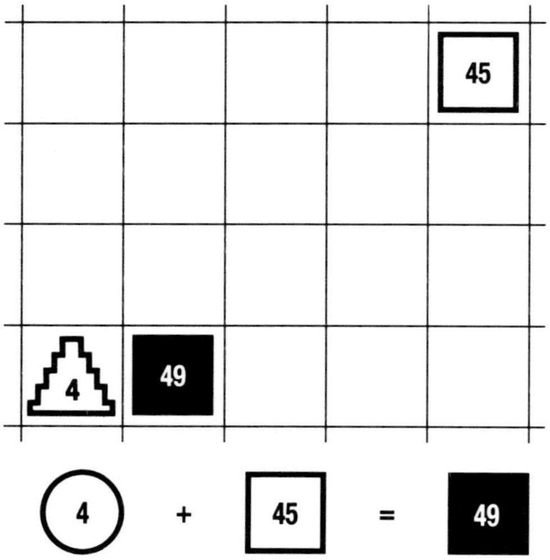

Weiß hat gezogen und schlägt durch Addition mit der

und der im Turm befindlichen

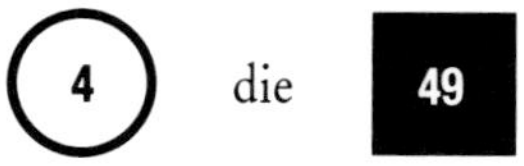

.

Wird ein Turm angegriffen, so wird nur der angegriffene Stein aus dem Turm genommen, die Funktionen der verbleibenden Steine bleiben unangetastet. Allerdings kann ein geschlagener Stein eines Turms durch sofortiges Abgeben eines gleichwertigen eigenen Steins erhalten werden. Ist ein solcher Austausch nicht mehr möglich, verliert der Turm seinen Stein. Verliert ein Turm beispielsweise seine Vierecke, so kann er sich nicht mehr wie ein Viereck bewegen. Entsprechendes gilt für die anderen Formen.

Der Turm als Ganzes wird geschlagen,

a) durch Einsperren,

b) wenn seine Gesamtsumme (91 bzw. 190) angegriffen wird (z. B.:

100 – 9 = 91).

Der um Bestandteile verminderte Turm kann nur noch durch Einsperren, nicht durch Angreifen der Gesamtsumme geschlagen werden.

Treffen zwei Türme aufeinander, muß sich der Spieler, falls mehrere Angriffsvarianten möglich sind, für *eine* entscheiden.

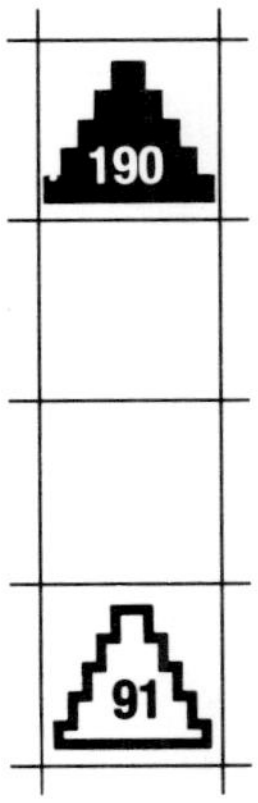

Der noch vollständige schwarze Turm hat gezogen und muß sich nun entscheiden, ob er mit der

16

durch Division die 4

schlägt (16 :4= 4)

oder mit der 64 die 16 (64 : 4 = 16).

Entscheidet er sich, die 4

zu schlagen, *kann* weiß, falls seine runde 4

noch im Spiel ist, diese anbieten.

Weiß ist nun am Zug und hat folgende Möglichkeiten

1. 36 schlägt 36 (vgl. Regel 4 f),

2. 25 schlägt 25,

3. 4 schlägt 16 (Multiplikation),

und zieht sich anschließend zurück. Oder der weiße Turm, nachdem er einen dieser Schläge ausgeführt hat, bleibt an Ort und Stelle, und der Spieler operiert mit einem anderen Stein.

Doppel- und Mehrfachschläge sind erlaubt, wenn sie von ein- und demselben Element des Turms ausgehen.

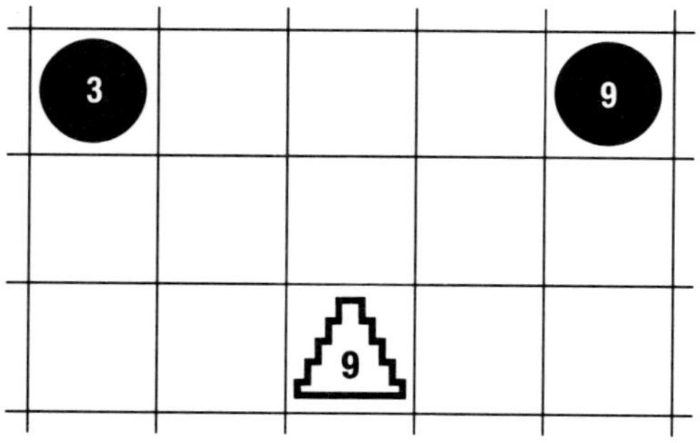

Weiß hat gezogen und schlägt mit der 9

die 3

(Division) und die 9

(vgl. Regel 4 f)

9. *Spielende*

Ziel des Spiels ist, wie im Abschnitt »Spielgedanke« schon dargelegt, die Bildung einer Harmonie im gegnerischen Teil des Spielfeldes. Hierzu müssen drei Steine, deren Zahlenwerte in einem bestimmten Verhältnis stehen, regelmäßig angeordnet werden.
Es gibt drei Arten von Harmonien, die sich anhand folgender Formeln ableiten lassen:

a) *Die arithmetische Harmonie*
Die Differenz zwischen der größten (a) und der mittleren Zahl (b) entspricht der Differenz zwischen der mittleren (b) und der kleinsten (c).

$a - b = b - c$ z. B.: 2 – 4 – 6
3 – 5 – 7
5 – 25 – 45

b) *Die geometrische Harmonie*
Die größte Zahl (a) verhält sich zur mittleren (b) wie die mittlere (b) zur kleinsten (c).

$\frac{a}{b} = \frac{b}{c}$ z. B.: 2 – 4 – 8
2 – 12 – 72
3 – 6 – 12

c) *Die musikalische Harmonie*
Die größte Zahl (a) verhält sich zur kleinsten (c) wie die Differenz zwischen der größten (a) und der mittleren (b) zur Differenz zwischen der mittleren (b) und der kleinsten (c).

$\frac{a}{c} = \frac{a - b}{b - c}$ z. B.: 3 – 4 – 6
5 – 8 – 20
9 – 15 – 45

Alle Harmonien, die aus den im Spiel vorhandenen Zahlenwerten gebildet werden können, sind in den zum Spielmaterial gehörenden Harmonietabellen aufgeführt. Die Spieler können frei entscheiden, ob sie die Harmonien nach den obigen Formeln errechnen oder mit Hilfe der Tabellen aufbauen wollen.

Anordnung der Harmonien

Die Steine müssen der Zahlengröße nach
– entweder in einer Reihe mit gleichen Abständen

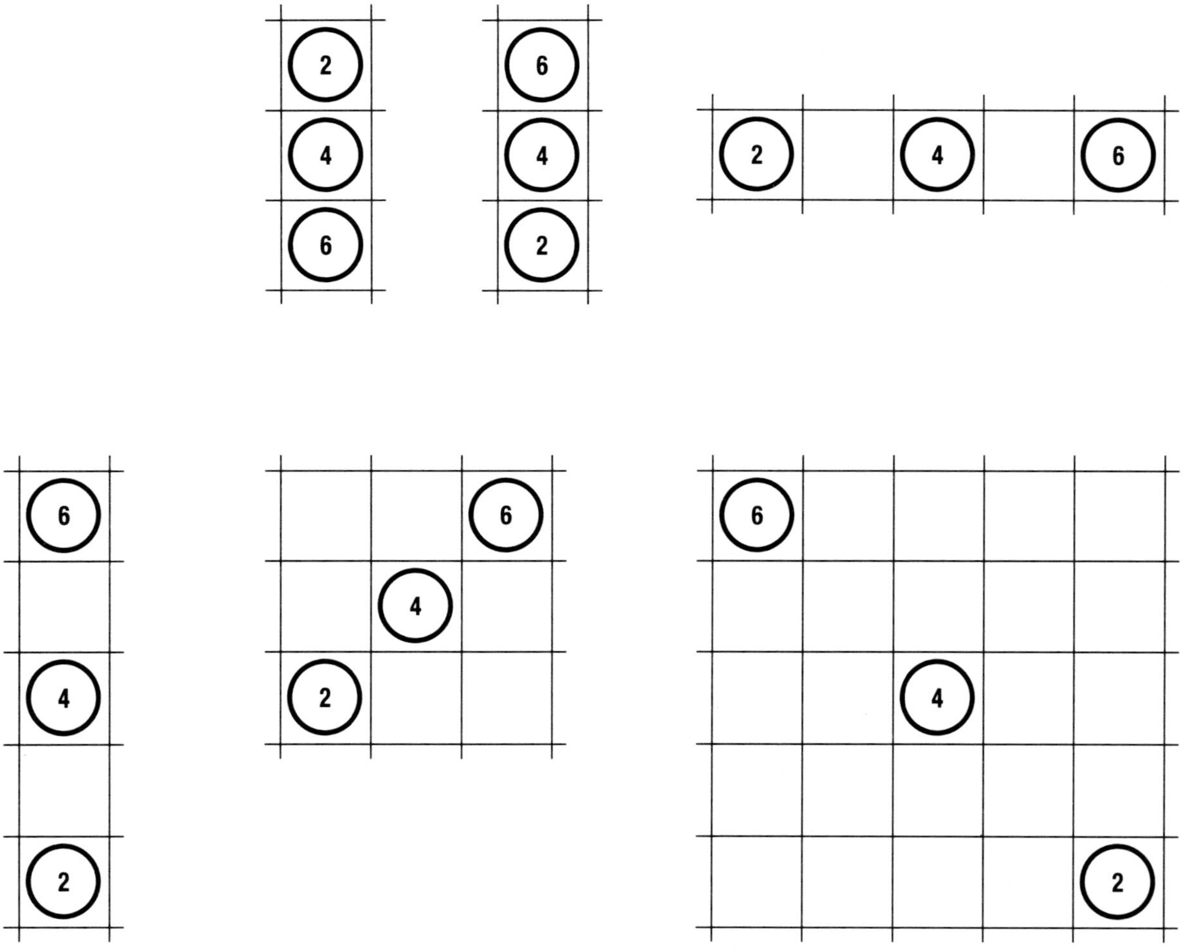

– oder über Eck angeordnet werden.

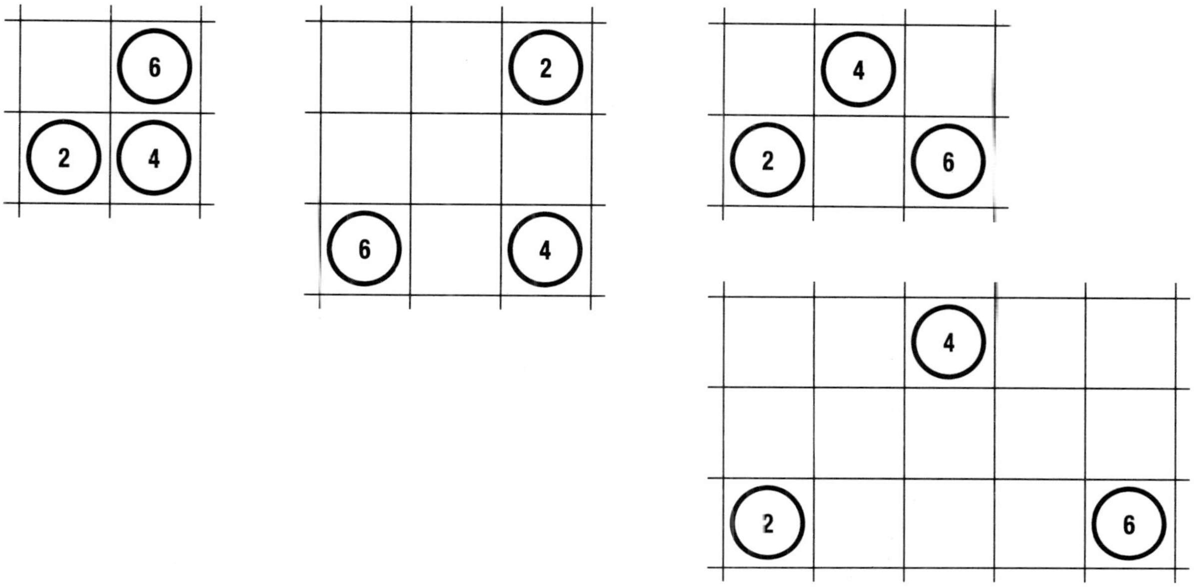

Die Größe der Abstände ist beliebig; entscheidend ist, daß zwischen den Gliedern der Harmonie keine anderen Steine stehen dürfen.

Die mittlere der drei Zahlen wird stets von der größten und der kleinsten eingeschlossen.

Zur Bildung einer Harmonie *darf*, falls es die Spielweise des Gegners ermöglicht, auch *ein* gegnerischer Stein, der sich gerade in geeigneter Position befindet, mitverwendet werden. Von Bedeutung ist diese Regel vor allem für die harmonischen Mittel, von denen weiß nur zwei und schwarz überhaupt keine aus eigenem Bestand bilden kann.

Sowohl die einzelnen Bestandteile der Türme als auch die Türme in ihrer Gesamtsumme (91 bzw. 190) dürfen zur Harmoniebildung herangezogen werden. Wie für das Schlagen gilt auch hier: Die Verwendung von Teilsummen ist unzulässig.

Gewinner des Spiels ist derjenige Spieler, dem zuerst die Vollendung einer Harmonie im gegnerischen Teil des Spielfelds gelingt.

Harmonietabellen

I. Harmonien aus dem *eigenen* Bestand der jeweiligen Parteien

II. Gesamtbestand der Harmonien aus *allen* auf dem Brett vorhandenen Zahlenwerten.

I. *Harmonien aus dem eigenen Bestand der jeweiligen Parteien*

Arithmetische Harmonie

SCHWARZ
3 – 5 – 7
5 – 7 – 9
7 – 16 – 25
7 – 28 – 49
7 – 64 – 121
12 – 56 – 100
12 – 66 – 120
16 – 36 – 56
28 – 64 – 100

WEISS
2 – 4 – 6
2 – 9 – 16
4 – 6 – 8
4 – 20 – 36
8 – 25 – 42
8 – 36 – 64
9 – 45 – 81
9 – 81 – 153
15 – 20 – 25
20 – 42 – 64
49 – 169 – 289

Geometrische Harmonie

SCHWARZ
9 – 12 – 16
9 – 30 – 100
16 – 28 – 49
16 – 36 – 81
25 – 30 – 36
36 – 66 – 121
36 – 90 – 225
49 – 56 – 64
64 – 120 – 225
81 – 90 – 100
100 – 190 – 361

WEISS
2 – 4 – 8
4 – 6 – 9
4 – 8 – 16
4 – 16 – 64
9 – 15 – 25
16 – 20 – 25
16 – 36 – 81
25 – 45 – 81
36 – 42 – 49
49 – 91 – 169
64 – 72 – 81
81 – 153 – 289

Musikalische Harmonie

SCHWARZ
./.

WEISS
9 – 15 – 45
9 – 16 – 72

II. *Gesamtbestand der Harmonien aus allen auf dem Brett vorhandenen Zahlenwerten*

Arithmetische Harmonie

2 – 3 – 4	8 – 12 – 16
2 – 4 – 6	8 – 25 – 42
2 – 5 – 8	8 – 36 – 64
2 – 7 – 12	8 – 49 – 90
2 – 9 – 16	8 – 64 – 120
2 – 15 – 28	9 – 12 – 15
2 – 16 – 30	9 – 45 – 81
3 – 4 – 5	9 – 81 – 153
3 – 5 – 7	12 – 16 – 20
3 – 6 – 9	12 – 66 – 120
3 – 9 – 15	12 – 20 – 28
3 – 42 – 81	12 – 56 – 100
4 – 5 – 6	12 – 42 – 72
4 – 6 – 8	15 – 20 – 25
4 – 8 – 12	15 – 30 – 45
4 – 12 – 20	15 – 120 – 225
4 – 16 – 28	16 – 36 – 56
4 – 20 – 36	20 – 25 – 30
4 – 30 – 56	20 – 28 – 36
5 – 6 – 7	20 – 42 – 64
5 – 7 – 9	28 – 42 – 56
5 – 15 – 25	28 – 64 – 100
5 – 25 – 45	30 – 36 – 42
6 – 7 – 8	42 – 49 – 56
6 – 9 – 12	42 – 66 – 90
6 – 36 – 66	42 – 81 – 120
7 – 8 – 9	49 – 169 – 289
7 – 16 – 25	56 – 64 – 72
7 – 28 – 49	72 – 81 – 90
7 – 49 – 91	81 – 153 – 225
7 – 64 – 121	91 – 190 – 289

Geometrische Harmonie

2 – 4 – 8
2 – 12 – 72
3 – 6 – 12
4 – 6 – 9
4 – 8 – 16
4 – 12 – 36
4 – 16 – 64
4 – 20 – 100
4 – 30 – 225
5 – 15 – 45
9 – 12 – 16
9 – 15 – 25
9 – 30 – 100
9 – 45 – 225
16 – 20 – 25
16 – 28 – 49
16 – 36 – 81
20 – 30 – 45
25 – 30 – 36
25 – 45 – 81
36 – 42 – 49
36 – 66 – 121
36 – 90 – 225
49 – 56 – 64
49 – 91 – 169
64 – 72 – 81
64 – 120 – 225
81 – 90 – 100
81 – 153 – 289
100 – 190 – 361

Musikalische Harmonie

2 – 3 – 6
3 – 4 – 6
3 – 5 – 15
4 – 6 – 12
4 – 7 – 28
5 – 8 – 20
5 – 9 – 45
6 – 8 – 12
7 – 12 – 42
8 – 15 – 120
9 – 15 – 45
9 – 16 – 72
12 – 15 – 20
15 – 20 – 30
25 – 45 – 225
30 – 36 – 45
30 – 45 – 90
72 – 90 – 120

Taktische Ratschläge

Die Steine

Nachfolgend geben wir ein paar Tips für das Turnier der Zahlen auf dem Brett. Wir beschränken uns dabei auf die Taktik der Ausgangslage und auf einige allgemeine Beobachtungen. Die Ausgangslage, bestimmt durch die Eröffnungszüge, wird in fast allen Spielen ähnlich sein. Wir erinnern uns zunächst, daß unsere Zahlen taktische Eigenschaften besitzen, die an die antike Kriegsführung denken lassen. Die runden Steine, die multiplices, bewegen sich langsam wie einst die Hopliten, die eigentliche Phalanx. Ihre kleinen Werte sind nicht leicht zu schlagen, gefährlich wird ihnen jedoch der Turm, der sie mit seinen Quadratzahlen schnell angreifen kann. Gelingt es ihnen aber trotz ihrer Langsamkeit, den Turm zu überraschen und nahe genug an ihn heranzukommen, entkommt er niemals, ohne Haare zu lassen.

Schneller, aber nicht ganz so gefährlich, sind die dreieckigen Steine, die superparticulares. An ihre diagonalen Bahnen fixiert, kommen sie weniger leicht zum Schlagen. Sie können aber im Verlauf des Kampfes neue Situationen schaffen und durch Sperren und Stören des Gegners taktische Veränderungen herbeiführen.

Noch schneller, zugleich aber auch gefährdeter, sind die viereckigen Steine, die superpartientes. Sie brauchen Raum für ihre Bewegungen, sind daher auch leichter einzuschließen als die runden und dreieckigen. Sie eignen sich in erster Linie dazu, schnell das gegnerische Feld zu besetzen und dort den Aufbau einer harmonischen Zahlenreihe zu unterstützen.

Die Eröffnung

Die praktischste Eröffnung geschieht durch das Ziehen der runden Ecksteine, also der 3 oder 9 bzw. der 2 oder 8. Bewegt man zunächst einen dieser Steine, gibt man zugleich einem dreieckigen Wert den Weg frei, der 90 oder 12 auf schwarzer Seite, der 6 oder 72 auf der weißen. Ratsam scheint es uns, mit der runden 9 oder auf weißer Seite mit der runden 8 zu beginnen. Schon beim übernächsten Zug ist damit der Weg frei für die Türme. Schwarz hat die Möglichkeit, seinen Turm schon beim zweiten Zug bewegen zu können, wenn man nämlich mit der dreieckigen 100 das Spiel eröffnet. Ob das allerdings immer ein Vorteil ist, läßt sich in dieser Phase des Spiels überhaupt nicht sagen.

Ein Feldherr sollte wissen, was er tut. Daher gilt für alle Spieler der lebenswichtige Grundsatz: Eröffne nie, ohne zu wissen, welche Harmonie Du im gegnerischen Feld errichten willst. Suche Dir also mit Hilfe der Tabelle, Deines Gedächtnisses oder Deiner Rechenfähigkeit eine Harmonie, die Dir zweckmäßig erscheint, die nicht aus langsamen Steinen besteht, sondern möglichst in wenigen Zügen errichtet werden kann. Denke jedoch daran, Deine Absicht auch zu verschleiern. Bei allzu durchsichtigen Zügen und zu einfach gewählten Werten wird der Gegner Deine Harmonie erraten und sicherlich erfolgreiche Störmanöver einleiten. Gib daher Deinen Steinen, welche die Harmonie errichten sollen, Begleiter mit. Sie verwischen Deine Absichten, der Gegner macht sich ans Nachrechnen, wird unsicher, ist nicht zielstrebig in seiner Abwehr. Gib ihnen solche Begleiter, mit denen Du bei Verlusten schnell eine neue Harmonie bilden kannst. So ersparst Du Dir das zeitraubende Nachziehen neuer Werte aus der Reserve.

Grundsätzlich gilt: Laß Dir Zeit bei der Eröffnung, überhaste nichts, baue überlegt auf. Der Gegner ist auch nicht schneller als Du. Legt er jedoch eine besondere Eile an den Tag, wirst Du sicher auch schnell seine Absichten erkennen.

Die Harmonie

Spielentscheidend wird demnach Deine Fähigkeit sein, die Wege und Gefahren für Deine geplante Harmonie vorauszusehen. Je mehr Züge Du hier überblicken kannst – den gegnerischen Widerstand mit einbeziehend – desto konsequenter wirst Du zum Ziel gelangen. Es empfiehlt sich, gewissermaßen in der zweiten Linie, eine zweite Harmonie mit nach vorn zu ziehen. Sie sollte möglichst in einem oder auch in zwei Teilen mit der ursprünglich ins Auge gefaßten übereinstimmen. So kannst Du schneller Deine Absichten ändern und mit einer zunächst noch verborgenen Harmonie, die der Gegner vielleicht erst zu spät erkennt, den Sieg erreichen. Möglich ist auch, diese defensive Taktik offensiv zu verfolgen: Du ziehst eine leicht durchschaubare, aus schnellen Steinen bestehende Harmonie nach vorne. Deine wahre Absicht ist jedoch, den Gegner nur in seiner Abwehr zu beschäftigen, Du bietest ihm diese Steine sogar als freiwilliges Opfer an, während Du aus der zweiten Reihe längst eine andere Harmonie heranführst. Aber Vorsicht – und das ist der zweite Grundsatz – denke immer daran, daß auch der Gegner solche Absichten verfolgen wird.

Am erfolgreichsten wirst Du den Gegner überraschen, wenn Du einen seiner Steine mitbenutzt, um Deine Harmonie zu errichten. Da er nicht ohne weiteres erraten oder errechnen kann, welchen seiner Steine Du auserwählt hast, werden Deine Absichten lange verborgen bleiben können. Sieht er dann die Gefahr, ist es manchmal schon zu spät, noch Gegenmaßnahmen zu ergreifen.

Längere Spielerfahrung erst, dazu Temperament, Flexibilität im Wechsel seiner Pläne und die Fähigkeit zum Vorausdenken werden jeden Spieler dazu führen, diese oder jene Harmonie zu bevorzugen. Wir können auch hier nur einige Beobachtungen mitteilen.

Alle in den Tabellen vollständig aufgeführten Harmonien lassen sich in die geforderten Positionen im gegnerischen Feld bringen, fünf aber nur sehr schwer ohne den jeweiligen Turm.
Es sind die Harmonien

9 – 45 – 81
9 – 81 – 153
9 – 15 – 45

der weißen Partei. Hier wird die 9 aus dem Turm benötigt, da die zweite weiße 9 als dreieckige Zahl auf ihre diagonalen Bahnen beschränkt bleibt und kaum mit den übrigen Teilen dieser Harmonien in Position zu bringen ist. Sie wird daher vorzugsweise als Tauschzahl benötigt, wenn der Gegner die 9 aus dem Turm erfolgreich angegriffen hat. Bei der schwarzen Partei sind es zwei Harmonien, nämlich die aus den drei- bzw. viereckigen Zahlenwerten

16 – 36 – 56
28 – 64 – 100,

die mit Hilfe des Turms gebildet werden müssen.

Unserer Erfahrung nach sind die vielversprechendsten Harmonien die geometrischen, da sie zumeist mit zwei Quadratzahlen gebildet werden. Der größte Teil dieser Harmonien liegt außerdem auch schon in der Grundaufstellung aller Spielsteine in Position. Wir haben das bereits in der Zeichnung auf Seite 44 f. festgehalten. Leicht lassen sich hier die einzelnen geometrischen Harmonien erkennen und aufgrund ihrer schönen Anordnung im Kopf behalten. So erweist sich, um noch einmal mit den mittelalterlichen

Gelehrten zu reden, schon der Aufbau beider Zahlenheere als eine nützliche Köstlichkeit. Zudem sind die meisten in den geometrischen Harmonien enthaltenen Quadratzahlen als Quadrate von Primzahlen nur schwer zu schlagen, zugleich aber sind sie in jeder Partei mehrfach vorhanden und somit – hat der Turm Verluste erlitten – eine nützliche Tauschreserve. So verfügt die schwarze Partei

zweimal über die 9,
zweimal über die 25,
zweimal über die 16,
zweimal über die 36,
zweimal über die 49,
zweimal über die 64,

die weiße

dreimal über die 4,
zweimal über die 9,
zweimal über die 16,
dreimal über die 25,
zweimal über die 36,
zweimal über die 81.

Bei allen diesen geometrischen Harmonien, die immer aus zwei Quadratzahlen plus einem dritten Wert bestehen, ist die Mitwirkung des Turms vorteilhaft. Denn der Turm selbst besteht ja nur aus Quadratzahlen. Selbst wenn er im Gefecht Teile verlieren sollte, kannst Du Deine Pläne weiterverfolgen: entweder tauschst Du mit Hilfe der mehrfach vorkommenden Werte den geschlagenen Stein aus, oder du faßt mit Hilfe der noch übrigen Quadratzahlen des Turmes eine neue Harmonie ins Auge.

Der Turm

Hier stoßen wir auf den dritten Grundsatz, den jeder Spieler unbedingt beachten sollte: Halte Deinen Turm so lange wie möglich intakt. Denn unschätzbar ist dessen Eigenschaft, alle auf dem Felde erlaubten Bewegungen ausführen zu können. Besonders wichtig wird diese Eigenschaft erst dann, wenn bei fortgeschrittenem Spielverlauf die Bewegungsfreiheiten eingeschränkter und die Räume enger werden. Dann nämlich werden die kleinen Schritte wichtig, wenn für die drei- und viereckigen Steine die Bahnen unterbrochen sind. Ist der Turm dann noch intakt, kann er mit kleinsten Schritten von Feld zu Feld die gefährlichsten Situationen umgehen und dabei, gleichsam auf dem Rücken, seine kostbaren Quadratzahlen dahin bringen, wo sie gebraucht werden. So laß Dich auf das verlockende Rauben gegnerischer Steine nur überlegt ein und vermeide möglichst die Begegnung beider Türme. Die rechnerischen Möglichkeiten, die sich aus einer solchen direkten Konfrontation beider Türme ergeben, lassen keinen der Gegner ungeschoren; und nutzlos ist ein Turm, der nicht mehr alle Bewegungen ausführen kann.

Das Schlagen

Damit kommen wir zum vierten und letzten Grundsatz, den jeder beachten sollte: laß Dich nicht zum bloßen Beutemachen verlokken. So manche Schlacht ging noch für den verloren, der bereits beim Zählen der Beutestücke war. Der Sinn des Schlagens besteht allein darin, den gegnerischen Aufbau, wenn er erkannt ist, zu zerstören oder die Harmonie zu verhindern, die im Begriff ist, sich zu formieren. Bedenke zweierlei: daß es einst vielleicht kultiviertere Kampfformen gegeben hat als heute, zumindest, daß es sich hier um ein kultiviertes Spiel handelt. Zum anderen, daß auch der Gegner mit jedem Zuge einen Schritt zum Sieg unternimmt. Die Freude am Schlagen kann somit den Verlust wertvoller Zeit bedeuten. Während Du plünderst, besetzt der Gegner Dein Feld.

Die vier Grundsätze

Mit diesen vier gegebenen Grundsätzen sollte jeder Spieler gut zurechtkommen. Auch wird er sich vom Barbaren zum vernünftigen Menschen wandeln:

- Eröffne nie ein Spiel, ohne zu wissen, welche Harmonie Du im gegnerischen Feld errichten willst.

- Denke immer daran, daß auch der Gegner Absichten verfolgen wird, die den Deinen ähnlich sind.

- Halte Deinen Turm intakt, die Wiege aller Möglichkeiten.

- Verweile nicht beim Beutemachen.

Tips zur Herstellung eines eigenen Spiels

Abtei Reichenau. Vielleicht im Jahr 1052. Nachmittags gegen 16 Uhr, nach der Benediktsregel Zeit für Handarbeiten: auf Geheiß ihres Mitbruders Hermann, des Gelähmten, fertigen die Mönche ihr erstes Spielbrett aus einer alten Tür des Refektoriums.

All denen, die nun von der Theorie zur Praxis kommen und endlich selbst spielen möchten, sei gesagt, daß die Herstellung eines eigenen Rhythmomachie-Spieles nicht weiter schwierig ist. Wir haben im Verlauf unserer Beschäftigung mit der Rhythmomachie mehrere Spiele hergestellt und wollen nun ein paar unserer Ideen weitergeben.

Für den Bau eines Spielbretts kann man sich beispielsweise mit Kartondeckeln behelfen. Die Spielsteine haben wir aus FIMO hergestellt, einer Modelliermasse, die im Backofen erhärtet werden kann. Eine andere Möglichkeit wäre die Verwendung von Pappel-,

Linden- oder noch einfacher Balsaholz. All diese Materialien sind in Bastel- bzw. Modellbaugeschäften erhältlich. Utensilien wie z.B. Klebstoff, Schere, Lineal, evtl. ein Teppichmesser, ein Bleistift, ein dicker schwarzer Filzstift, dicke und dünne Pinsel finden sich dagegen in fast jedem Haushalt.

Spielbrett

Außer den schon genannten Utensilien haben wir für das Spielbrett 2 Kartondeckel DIN A3 (z.B. Rückseite von Zeichenblöcken), 1 Bogen etwas stärkeres weißes Papier (30×60cm), schwarzes Klebeband (etwa 2cm breit) und 60cm transparente selbstklebende Folie gebraucht.

Beide Kartondeckel wurden in ihrer Breite belassen und in ihrer Länge auf quadratisches Format zugeschnitten; das ergibt bei DIN A3 – Format des Kartons eine Seitenlänge von etwa 29,5cm bis 30cm. Wenn man diese beiden Deckel zusammensetzt, hat man das Spielbrett in seiner vollen Größe. Um ein zusammenklappbares Brett zu erhalten, haben wir beide Deckel aufeinandergelegt und an einer Kante mit schwarzem Klebeband verbunden:

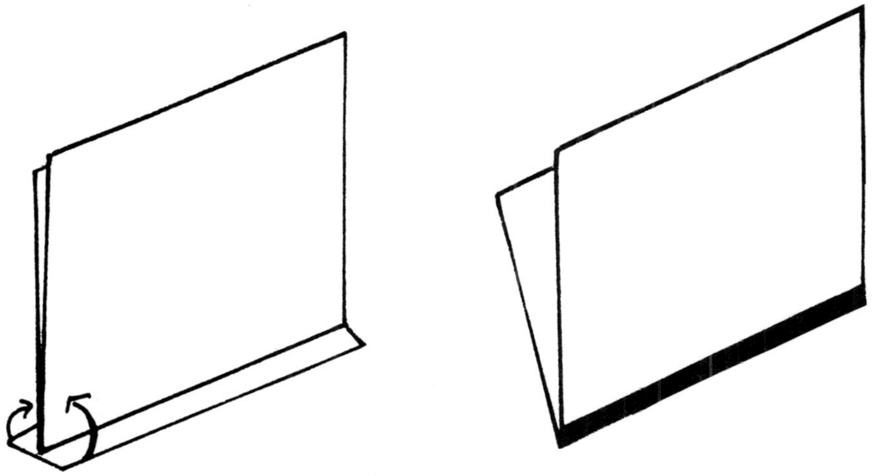

Dann haben wir das Papier auf die Größe des aufgeklappten Kartons zurechtgeschnitten und in der Mitte gefaltet. Jetzt konnte das Spielfeld gezeichnet werden. Jede der beiden Spielfeldhälften sollte eine Seitenlänge von 28cm haben. Das ergibt bei 8×8 Quadraten pro Spielfeldhälfte eine Seitenlänge von 3,5cm pro Kästchen. Zur Unterscheidung der beiden Spielfeldhälften haben wir in der Mitte

Die Brüder Tietbald und Alawich bemalen das Brett mit Schachbrettfeldern. Sie kennen sich aus, denn beide haben heimlich den soeben erschienenen Roman »Ruodlieb« gelesen, in dem von einem weiteren neuen Spiel aus dem Orient die Rede ist, dem Schach.

auf dem Falz 2mm Abstand gelassen. Nun werden die Spielfeldhälften mit Schachbrettmuster versehen.

Als Aufstellungshilfe empfiehlt es sich, die Kästchen mit den Zahlenwerten der Ausgangsstellung zu beschriften (s. S. 63). Schließlich wurde der Spielplan auf den Karton geklebt und vorsichtig mit der selbstklebenden Folie überzogen. Zum Schutz der Kanten wurden die Spielbrettränder mit schwarzem Klebeband eingefaßt.

Wem das ganze mit zu großem Aufwand verbunden ist, der läßt den Karton weg und zeichnet sich seinen Plan auf Papier. Die Tüftler können auf Holz, Leder o. ä. zurückgreifen. Der Phantasie sind hier keine Grenzen gesetzt.

Spielsteine

Für die Herstellung der Steine aus FIMO benötigten wir je zwei Päckchen schwarzes und weißes FIMO, schwarze und weiße Plakafarbe sowie ein Wellholz und den Deckel einer Sprudelflasche.

Die Modelliermasse wurde – nach Farben getrennt – zusammengeknetet und ausgewellt zu einer Stärke von ca. 4 mm. Dann wurden mit dem Sprudelflaschendeckel jeweils 8 runde Steine pro Farbe ausgestochen. Um Drei- und Vierecke zu erhalten, schnitten wir mit Hilfe von Messer und Lineal zunächst 12 Quadrate pro Farbe aus (Seitenlänge etwa 2,5 cm). Jeweils 4 von diesen wurden diagonal zerteilt.

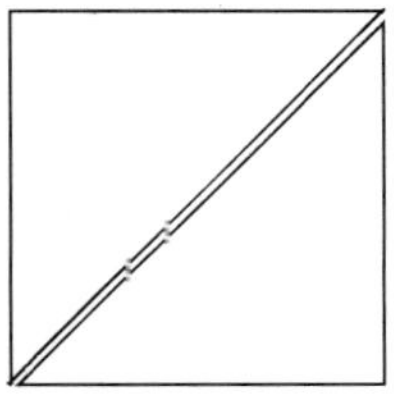

Es fehlten nur noch die Turmsteine. Da diese in ihrer Größe abgestuft werden sollten, wählten wir als Basisstein ein Quadrat von 3 cm Kantenlänge und richteten die übrigen Steine danach aus (d. h. ein weiteres Quadrat mit 2,5 cm Kantenlänge, 2 abgestufte Dreiecke und einen kleinen runden Stein).

Bruder Tietbald kommt beim Herstellen der Spielsteine auf die Idee, Brotteig vorzuschlagen. Hat er nicht als junger Novize in der Benediktsregel gelesen, daß die Lehre des Abtes als ein Sauerteig in die Herzen seiner Mönche dringen soll?

Mühevoll ist das Auftragen der Zahlen auf die Spielsteine. Bruder Alawich stöhnt mit Psalm 139: Wenn ich sie zähle, werden sie gar so zahlreich wie die Sandkörner am Meer.

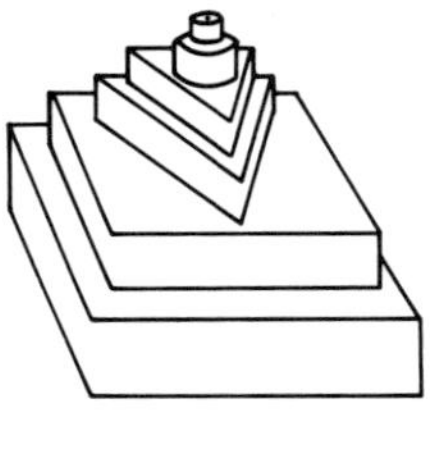

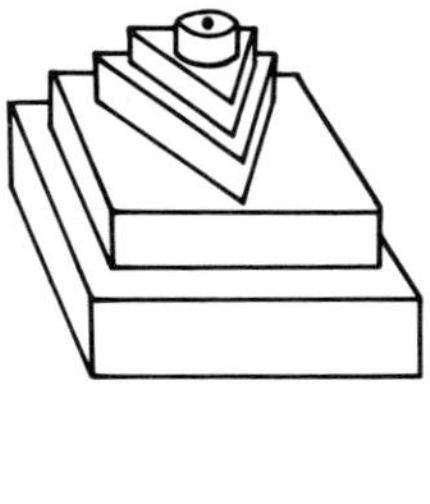

Damit die Türme wegen ihrer glatten Oberfläche nicht immer wieder zusammenstürzen, haben wir die Turmsteine in der Mitte mit einem kleinen Loch versehen, um sie in gebranntem Zustand mit einem Hölzchen zusammenstecken zu können.

Danach wurden die Steine auf einer Unterlage aus Alu-Folie in den vorgeheizten Backofen geschoben und etwa eine Stunde gebakken. Nach dem Erkalten können sie mit Klarlack überzogen oder gleich beschriftet werden. Verwendet man für das Aufmalen der Zahlen Plakalack, sind sie in feuchtem Zustand noch abwaschbar – Fehler bei der Beschriftung können noch schnell beseitigt werden.

Die Arbeit mit FIMO hat uns auf die Idee gebracht, ein Set Spielsteine aus echtem Teig herzustellen. Am besten eignet sich wohl Butterteig, der zur Hälfte mit Kakao eingefärbt wird. Nach dem Ausstechen werden die Steine mit Eigelb »lackiert« und mit Schokolade bzw. mit Zuckerguß oder Lebensmittelfarbe bemalt.

Diese »Steine« können nach oder zur Beendigung des Spiels aufgegessen werden.

Entscheidet man sich für die Herstellung der Spielsteine aus Holz, bietet sich die Verwendung von Balsaholz an, ein besonders leichtes Holz, das im Modellbau verwendet wird und den Vorteil hat, daß es sich mit einem Messer oder besser noch mit einem Teppichmesser schneiden läßt.

Verwendet man dagegen Pappel- oder Lindenholz, benötigt man natürlich eine Laubsäge.

Auf das Holz (18 × 10 × 0,5 cm) zeichneten wir mit einem Bleistift die Formen der Spielsteine nach folgendem Muster auf.

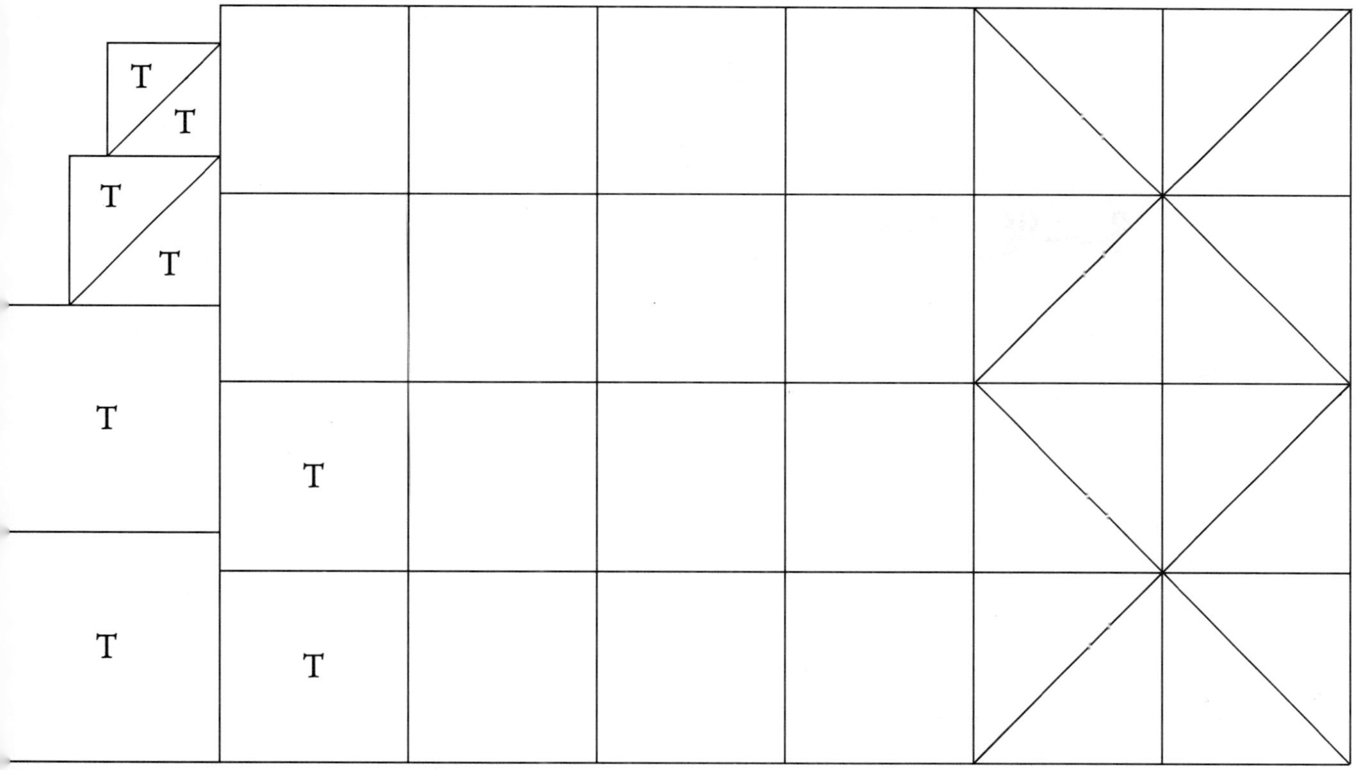

T = Turm

Maßstab 1 : 1

Je nach Material schnitten bzw. sägten wir die Steine entlang der aufgezeichneten Linien aus und entfernten Unebenheiten an den Rändern mit feinem Schmirgelpapier. Da wir bei der Herstellung der runden Steine auf diese Weise vor allem Ausschuß produzierten, entschieden wir uns dafür, sie lieber im Bastelgeschäft zu kaufen. Sie sind dort in verschiedenen Durchmessern erhältlich. Ersatzweise können auch Mühlesteine verwendet werden. Dann lackierten wir die eine Hälfte der Steine mit schwarzem, die andere mit weißem Lack und beschrifteten sie mit unseren Zahlen. Zweckmäßigerweise werden auch bei Verwendung von Holz die Turmsteine mit einem kleinen Loch versehen, um sie später zusammenstecken zu können.

Wer es sich ganz leicht machen möchte und nicht so viel Wert auf Haltbarkeit legt, schneidet sich die Spielsteine aus Karton zurecht, färbt sie mit weißer und schwarzer Tusche ein und bemalt sie in der Gegenfarbe mit den Zahlen.

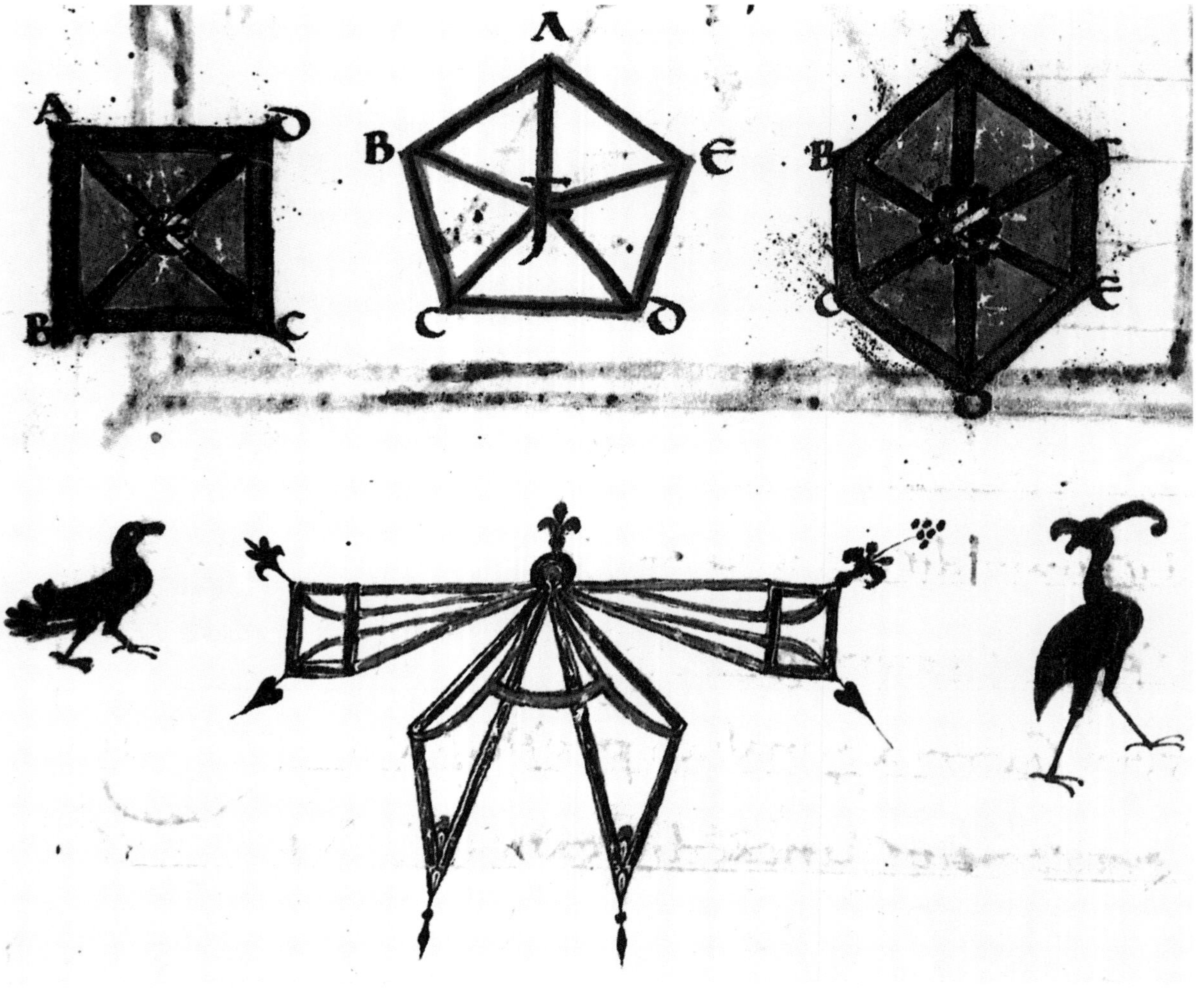

Literatur- und Bildnachweise

Arrianus, Flavius, Ars tactica... (lateinisch), Amsterdam 1683

Boethius, A. M. S., De Institutione Arithmetica Libri duo, hg. von G. Friedlein, 1867

Boissière, Claude, Nobilissimus et Antiquissimus ludus Pythagoreus (qui Rythmomachia nominatur)..., Paris 1556

Nicomachus of Gerasa, Introduction to Arithmetic. Transl. by M. L. D'Ooge, New York 1926

Rythmomachia (frühe Texte): Wappler, E., Bemerkungen zur Rhythmomachie, in: Zeitschrift für Mathematik und Physik Bd. 37 (1892), Historisch-literarische Abhandlungen, S. 1 ff. und R. Peiper, Fortolfi Rythmimachia, in: Zeitschrift für Mathematik und Physik Bd. 25 (1880), Historisch-literarische Abhandlungen, S. 167 ff.

Selenus, Gustavus (Herzog August d. J. von Braunschweig), Rythmomachia, Leipzig 1616

Vegetius, Renatus Flavius, Epitoma rei militaris, hg. von C. Lang, Leipzig 1885 (Teubner)

* * *

Borst, A., Das mittelalterliche Zahlenkampfspiel, Heidelberg 1986

Gericke, H., Geschichte des Zahlbegriffes, Bibliogr. Institut 1970

Huizinga, J., Homo Ludens. Vom Ursprung der Kultur im Spiel, Hamburg 1966

Illmer, D., Arithmetik in der gelehrten Arbeitsweise des frühen Mittelalters, in: Institutionen, Kultur und Gesellschaft im Mittelalter, FS für J. Fleckenstein, Sigmaringen 1984

Rasin, J. A., Geschichte der Kriegskunst, Bd. 1, 1959

* * *

Die Abbildungen auf den Seiten 9, 17, 20, 28, 33, 47, 52, 53, 94 sind der Institutio Arithmetica des Boethius entnommen, einer Handschrift des 9. Jh. in der Staatsbibliothek Bamberg: Msc. class. 5

Seite 35: Aus einer Handschrift des 11. Jh. in der Badischen Landesbibliothek Karlsruhe: Karlsruhe 504, fol. 87 r

Seite 61: Exemplar in der Universitätsbibliothek Basel, Titelblatt.

Die Abbildungen auf den Seiten 88, 90, 91, 92 hat Sibylle Gädeke, München, gezeichnet.